DURCH STARTEN

LATEIN GRAMMATIK

COACHINGBUCH

Verfasser: Wolfram Kautzky

Diesem Buch ist ein Lösungsheft zu den Übungen beigelegt.

Bibliografische Information der Deutschen Bibliothek:
Die Deutsche Bibliothek verzeichnet diese Publikation in der Deutschen Nationalbibliografie; detaillierte bibliografische Daten sind im Internet über http://dnb.ddb.de abrufbar.

VERITAS-VERLAG, Linz
www.durchstarten.at

6. Auflage 2017

Lektorat: Klaus Kopinitsch
Grafische Gestaltung: Gottfried Moritz
Illustrationen: Bruno Haberzettl
Satz: Anton Froschauer
Herstellung: Julia Bamberger

Gedruckt in Österreich auf umweltfreundlich hergestelltem Papier

ISBN 978-3-7058-7575-3

VERITAS
Gemeinsam besser lernen

Inhaltsverzeichnis

SALVE!

Mit **„Durchstarten in Latein-Grammatik – Erklärung und Training“** hältst du ein Buch in deinen Händen, das sich deutlich von anderen Latein-Grammatiken unterscheidet. Bei der Benützung werden dir vor allem zwei Merkmale auffallen:

- Das Prinzip **„Ein Thema – eine Seite“**: Über viele Grammatikkapitel könnte man seitenweise theoretische Abhandlungen verfassen, ohne dass der Benützer in der Praxis viel damit anfangen kann. In diesem Buch bekommst du den Grammatik-Stoff hingegen in übersichtliche Einheiten gegliedert auf je einer Seite kompakt präsentiert, sodass du dich über jedes Grammatik-Kapitel auf einen Blick informieren kannst. Dass grammatikalische Erscheinungen, die nicht so oft vorkommen, kleiner gedruckt sind, wird dir helfen, Wichtiges von weniger Wichtigem zu unterscheiden.
- Das **„Doppelseiten-Prinzip“**: Wie du weißt, genügt es meistens nicht, sich ein bestimmtes Stoffgebiet nur durchzulesen oder „anzuschauen“. Um den Stoff auch wirklich zu beherrschen, ist es auch nötig, ihn einzuüben. Daher findest du zu jedem Thema auf der gegenüberliegenden, rechten Seite Übungen, die genau auf das jeweilige Kapitel abgestimmt sind. So kannst du jederzeit effektiv und punktgenau überprüfen, ob du das betreffende Grammatikkapitel schon intus hast. Und damit das Üben nicht zu langweilig wird, sind manche Übungen auch als Rätsel verpackt.

Und nun einige Hinweise und Tipps für die richtige Benützung dieses Buches:

Da die für die Beispiele verwendeten Vokabeln weitgehend solche sind, die in allen gängigen Lehrbüchern vorkommen, kannst du „Durchstarten in Latein-Grammatik“ schon als **Begleitgrammatik** während des Anfangsunterrichts verwenden. Solltest du bei den Übungen einmal auf ein Vokabel stoßen, das dir unbekannt ist, schlage es im Wörterbuch nach – je länger du Latein lernst, desto wichtiger wird der richtige Umgang mit dem Lexikon!

Wenn du schon ein „Profi“ bist, eignet sich „Durchstarten in Latein-Grammatik“ sehr gut als **Nachschlagewerk** für alle offenen Grammatik-Fragen. Durch das Stichwortverzeichnis auf den Seiten 167 und 168 gelangst du zielsicher zu dem Kapitel, über das du dich informieren möchtest.

Nota bene heißt **„Aufgepasst“**. Dieses Symbol weist auf besonders wichtige Regeln, Ausnahmen und Verwechslungsgefahren hin.

Dieses **„Tipp-Zeichen“** solltest du auf keinen Fall links liegen lassen – hier folgen Hinweise, Tricks und Merksätze, die dir beim Übersetzen besonders nützlich sein werden.

1 Die **Übungen** auf der rechten Buchseite sind so gegliedert, dass sie jeweils mit dem entsprechenden Grammatikkapitel auf der linken Seite korrespondieren. Die richtigen Lösungen kannst du anschließend im **Lösungsheft** nachschlagen.

Am Ende (zumindest der Einleitung) wünschen dir der Verfasser und der Verlag viel Erfolg beim Arbeiten mit diesem Buch sowie viel Spaß beim Erlernen bzw. Festigen der lateinischen Grammatik. Und solltest du dennoch einmal der *desperatio* nahe sein, vergiss nicht: So schwer kann die *lingua Latina* nicht sein – immerhin wurde sie bei den alten Römern schon von den kleinen Kindern gesprochen!

Vale!

Wolfram Kautzky

PS: Noch ein Tipp für den Fall, dass dieser Band dein erstes „Durchstarten"-Buch ist: „Durchstarten in Latein" gibt es auch für das 1. und 2. Lernjahr sowie für die Autorenlektüre (Prosa und Dichter) – mit jeder Menge Erklärungen, Übungen, Rätseln und natürlich auch witzigen Illustrationen! Nähere Informationen findest du auf den Seiten 165 und 166.

Die Wortarten

Lateinisch	Deutsch	Bezeichnung der Abwandlung
NOMINA		
Substantive	Hauptwörter	**DEKLINATION**
Adjektive	Eigenschaftswörter	
Pronomina	Fürwörter	
Numeralia	Zahlwörter	
VERBA	Zeitwörter	**KONJUGATION**
PARTIKELN		
Adverbien	Umstandswörter	Diese Formen wandeln nicht ab!
Präpositionen	Vorwörter	
Konjunktionen	Bindewörter	
Interjektionen	Empfindungswörter	

Bei **DEKLINATIONEN** unterscheidet man:

GESCHLECHT (Genus)	**maskulin** (m., männlich)
	feminin (f., weiblich)
	neutrum (n., sächlich)
ZAHL (Numerus)	**Singular** (Sg., Einzahl)
	Plural (Pl., Mehrzahl)
FALL (Kasus)	**Nominativ** (1. Fall, Frage: „**wer**?"; „**was**?")
	Genitiv (2. Fall, Frage: „**wessen**?")
	Dativ (3. Fall, Frage: „**wem**?")
	Akkusativ (4. Fall, Frage: „**wen**?"; „**was**?")
	Vokativ (5. Fall, Fall der direkten Anrede)
	Ablativ (6. Fall, verschiedene Fragen: „**womit**?", „**wodurch**?" u. a., vgl. Seite 94)

Zu den **KONJUGATIONEN** siehe Seite 54 ff.

FORMENLEHRE

DEKLINATIONEN

Insgesamt unterscheidet man im Lateinischen **FÜNF DEKLINATIONEN**, die nach ihrem **Stammauslaut** benannt sind:

	Deklination	Beispiel	Stamm*
1.	**a-Deklination**	*amica, -ae* f. („Freundin“)	*amica-* (Auslaut: ***-a***)
2.	**o-Deklination**	*amicus, -i* m. („Freund“) *verbum, -i* n. („Wort“)	*amico-* (Auslaut: ***-o***) *verbo-* (Auslaut: ***-o***)
3.	**„Dritte Deklination“** (umfasst verschiedene Stämme, vgl. Seite 18)	*rex, regis* m. („König“) *virtus, -utis* f. („Tapferkeit“) *flumen, fluminis* n. („Fluss“)	*reg-* (Auslaut: ***-g***) *virtut-* (Auslaut: ***-t***) *flumin-* (Auslaut: ***-n***)
4.	**u-Deklination**	*casus, -us* m. („Fall“)	*casu-* (Auslaut: ***-u***)
5.	**e-Deklination**	*res, rei* f. („Sache“)	*re-* (Auslaut: ***-e***)

* Der reine Wortstamm ist bei allen Deklinationen im **Ablativ Sg.** zu sehen. (Ausnahme: Dritte Deklination, wo sich der Stamm aus der Endung des **Genitivs Sg.** minus der Endung *-is* ergibt.)

Da es im Lateinischen keinen Artikel gibt, kann man die einzelnen Fälle nur an den **ENDUNGEN** erkennen, die von Deklination zu Deklination unterschiedlich sind. Für **alle Deklinationen** gelten jedoch folgende Regeln:

- Bei **neutralen Wörtern** sind Nominativ und Akkusativ immer gleich. Im 1./4. Fall Plural ist die Endung stets ***-a***.
- **Dativ** und **Ablativ Plural** enden bei allen Deklinationen gleich.
- Der **Vokativ** hat meist dieselbe Form wie der Nominativ; eine eigene Form hat er nur bei den maskulinen Wörtern der o-Deklination im Singular (siehe Seite 12).

Das **GESCHLECHT** lateinischer Substantiva kann durch sogenannte **Geschlechtsregeln** gelernt werden. Diese ergeben sich aus den Endungen für Nominativ und Genitiv Sg. (zB: Wörter auf *-us*, *-i* sind in der Regel maskulin; weitere Regeln siehe bei den einzelnen Deklinationen).

NOTA BENE

Unabhängig von diesem „grammatischen Geschlecht“ gibt es das **„natürliche Geschlecht“**:

- Alle männlichen Personen sowie Völker und **Flüsse** (diese wurden von den Römern für Götter gehalten!) sind **maskulin**.
- Alle weiblichen Personen sowie **Bäume** (die Römer betrachteten sie ursprünglich als Feen!) sind **feminin**.

1. KAPITEL SUBSTANTIVA (HAUPTWÖRTER)

A A-DEKLINATION

	amica, -ae f. „Freundin“			
	Singular		**Plural**	
1. F.	*amic**a***	die Freundin	*amic**ae***	die Freundinnen
2. F.	*amic**ae***	der Freundin	*amic**arum***	der Freundinnen
3. F.	*amic**ae***	der Freundin	*amic**is***	den Freundinnen
4. F.	*amic**am***	die Freundin	*amic**as***	die Freundinnen
5. F.	*amic**a!***	Freundin!	*amic**ae!***	Freundinnen!
6. F.	*(ab*) amic**a***	von der Freundin	*(ab*) amic**is***	von den Freundinnen

* Bei Personen steht im Ablativ meist eine Präposition (siehe Seite 94).

GESCHLECHT: Die Substantiva der a-Deklination sind meist **feminin**.

Maskuline Ausnahmen nach dem natürlichen Geschlecht:

- *agricola, -ae* m. („der Bauer“)
- *incola, -ae* m. („der Bewohner“)
- *nauta, -ae* m. („der Seemann“, „der Matrose“)
- *poeta, -ae* m. („der Dichter“)
- *druida, -ae* m. („der Druide“)
- *Persae, -arum* m. („die Perser“)
- *Celtae, -arum* m. („die Kelten“)

1 Bestimme und übersetze die folgenden Formen:

1. *gloriam*
2. *terrarum*
3. *amicas*
4. *curis* (2 Möglichkeiten)
5. *familiam*
6. *cum filia*
7. *insularum*
8. *horas*
9. *aquam*
10. *provincias*
11. *dearum*
12. *agricolis*

2 Welche Übersetzung trifft auf die Form *filiae* nicht zu:

a) die Tochter
b) der Töchter
c) der Tochter
d) die Töchter

3 Verwandle die Formen in die jeweils andere Zahl! (Sg. → Pl., Pl. → Sg.)

1. *filiarum*
2. *terras*
3. *horam*
4. *terris* (2 Möglichkeiten)
5. *hora* (3 Möglichkeiten)
6. *curae* (4 Möglichkeiten)
7. *victoriam*
8. *incolarum*
9. *poetis* (2 Möglichkeiten)

4 Übersetze vom Deutschen ins Lateinische:

1. dem Dichter
2. des Landes
3. die Göttinnen (2 Möglichkeiten)
4. die Stunde (2 Möglichkeiten)
5. der Dichter (2 Möglichkeiten)
6. der Mädchen
7. der Sorge (2 Möglichkeiten)
8. mit den Mädchen
9. den Sorgen
10. Töchter!
11. das Land (2 Möglichkeiten)
12. dem Sieg
13. Mädchen! (Sg.)
14. der Göttin (2 Möglichkeiten)

Nicht jedes Wort im Lexikon, das auf *-a* endet, gehört zur a-Deklination. Es kann sich auch um ein **Pluralwort der o-Deklination neutrum** (siehe Seite 12) handeln. Welche der beiden Möglichkeiten zutrifft, kannst du anhand des Genitivs erkennen (daher mitlernen!):

- *puella*, ***-ae*** („Mädchen") ▶ a-Deklination feminin Singular
- *arma*, ***-orum*** („Waffen") ▶ o-Deklination neutrum Plural

B O-DEKLINATION

Die o-Deklination besteht aus mehreren Untergruppen:

o-Deklination

- Maskulina auf ***-us, -i***
- Maskulina auf ***-er, -(e)ri***
- Neutra auf ***-um, -i***

1 Maskuline o-Stämme auf *-us, -i*

	amicus, -i m. „Freund“			
	Singular		**Plural**	
1. F.	*amic**us***	der Freund	*amic**i***	die Freunde
2. F.	*amic**i***	des Freundes	*amic**orum***	der Freunde
3. F.	*amic**o***	dem Freund	*amic**is***	den Freunden
4. F.	*amic**um***	den Freund	*amic**os***	die Freunde
5. F.	*amic**e**!*	Freund!	*amic**i**!*	Freunde!
6. F.	*(ab*) amic**o***	von dem Freund	*(ab*) amic**is***	von den Freunden

* Bei Personen steht im Ablativ meist eine Präposition (siehe Seite 94).

- Die Wörter auf *-us, -i* sind die einzigen mit einer eigenen Endung für den **Vokativ**: ***-e***
  (Ausnahme: die Wörter auf *-ius* bilden den Vokativ auf ***-i***:
  fili! = „Sohn!“);
- bei *deus, -i* („Gott“) lautet im Plural der 1. F. häufig ***di*** (statt *dei*), der 3. und 6. F. ***dis*** (statt *deis*).

GESCHLECHT: Die Substantiva auf *-us, -i* sind meist **maskulin.**

Ausnahmen:

- **Feminin** sind nach dem natürlichen Geschlecht alle Bäume (zB *fagus, -i* = „Buche“), Länder (zB *Aegyptus*), Inseln und Städte auf *-us* sowie *humus, -i* („Boden“).
- **Neutrum** sind *vulgus, -i* („Volk“) und *virus, -i* („Gift“).

5 Bestimme und übersetze die folgenden Formen:

1. servos
2. amicorum
3. discipulo
4. anni (2 Möglichkeiten)
5. filium
6. deorum
7. vico
8. amice!
9. filiis (2 Möglichkeiten)
10. dei
11. populum
12. animo (2 Möglichkeiten)

6 Verwandle die Formen in die jeweils andere Zahl! (Sg. → Pl., Pl. → Sg.)

1. discipulum
2. anni (2 Möglichkeiten)
3. vicorum
4. deus
5. dis (2 Möglichkeiten)
6. amice!
7. filios
8. amico
9. filii!

7 Welche zwei Bedeutungen kann *Quid cum amicis faciam?** haben?

(* „... soll ich machen?")

8 Übersetze vom Deutschen ins Lateinische:

1. des Sohnes
2. den Sklaven (2 Möglichkeiten)
3. dem Schüler
4. die Götter (2 Möglichkeiten)
5. den Söhnen
6. Sohn!
7. die Dörfer (2 Möglichkeiten)
8. mit den Söhnen
9. der Schüler (2 Möglichkeiten)
10. des Jahres
11. der Jahre
12. das Dorf (2 Möglichkeiten)
13. den Göttern
14. den Geist
15. der Freunde

Neben der o-Deklination gibt es auch andere Deklinationen, die im **Nominativ Sg.** die Endung *-us* aufweisen. Zu welcher Deklination ein Wort tatsächlich gehört, kannst du immer nur mit Hilfe des Genitivs erkennen – den du folglich unbedingt mitlernen musst:

- *amicus, **-i*** („Freund") ▶ o-Deklination (maskulin)
- *casus, **-us*** („Fall") ▶ u-Deklination (maskulin) – vgl. Seite 14
- *tempus, **-oris*** („Zeit") ▶ Dritte Deklination (neutrum) – vgl. Seite 18 f.
- *virtus, **-utis*** („Tapferkeit") ▶ Dritte Deklination (feminin) – vgl. Seite 19

2 Maskuline o-Stämme auf *-er, -(e)ri*

	puer, pueri m. „Knabe“	
	Singular	Plural
1. F.	*puer*	*pueri*
2. F.	*pueri*	*puerorum*
3. F.	*puero*	*pueris*
4. F.	*puerum*	*pueros*
5. F.	*puer!*	*pueri!*
6. F.	*(a) puero*	*(a) pueris*

	ager, agri m. „Feld“	
	Singular	Plural
1. F.	*ager*	*agri*
2. F.	*agri*	*agrorum*
3. F.	*agro*	*agris*
4. F.	*agrum*	*agros*
5. F.	*ager!*	*agri!*
6. F.	*agro*	*agris*

- Die Deklination von Wörtern wie *puer* und *ager* unterscheidet sich nur dadurch, dass bei *puer* das *-e-* in allen Fällen erhalten bleibt, während es bei *ager* (vgl. *magister, magistri* u. a.) ab dem Genitiv verschwindet (→ der Genitiv muss bei Wörtern auf *-er* also genau mitgelernt werden!).
- Ebenso wie *puer* dekliniert ***vir*** („Mann“): *vir, viri, viro, virum, vir, viro* (etc.).

GESCHLECHT: Substantiva auf *-er, -(e)ri* sind immer **maskulin**.

3 Neutrale o-Stämme auf *-um, -i*

	verbum, -i n. „Wort“			
	Singular		Plural	
1./5. F.	*verbum*	das Wort	*verba*	die Worte
2. F.	*verbi*	des Wortes	*verborum*	der Worte
3. F.	*verbo*	dem Wort	*verbis*	den Worten
4. F.	*verbum*	das Wort	*verba*	die Worte
6. F.	*verbo*	durch das Wort	*verbis*	durch die Worte

GESCHLECHT: Substantiva auf *-um, -i* sind immer **neutrum**.

9 Übersetze die angegebenen Formen, setze sie im gleichen Fall in die andere Zahl und übersetze wieder:

1. *puerorum*
2. *magistrum*
3. *viri* (2 Möglichkeiten)
4. *pueros*
5. *agro*
6. *cum puero*
7. *magistris*
8. *puer!*
9. *libri* (2 Möglichkeiten)
10. *agros*
11. *magistri* (3 Möglichkeiten)
12. *viro*

NOTA BENE

Unterscheide:
- *liber, libri* = „das Buch"
- *liberi, liberorum* = „die Kinder"

10 Übersetze:

1. *liberorum*
2. *librum*
3. *liberis*
4. *libris*
5. *libros*
6. *libro*

NOTA BENE

Nicht jedes Wort auf ***-er*** gehört zur o-Deklination! Ergänze zu folgenden Substantiven den Genitiv und das Geschlecht. (Im Zweifelsfall benütze das Vokabelverzeichnis deines Lehrbuchs oder ein Wörterbuch!)

1. Fall	*iter*	*puer*	*frater*	*liber*	*pater*
2. Fall	....	....	....	....	....

11 Bestimme Fall, Zahl, Geschlecht und übersetze:

1. *oppida* (2 Möglichkeiten)
2. *imperii*
3. *templorum*
4. *bellum* (2 Möglichkeiten)
5. *praemio* (2 Möglichkeiten)
6. *bellis* (2 Möglichkeiten)

12 Übersetze:

1. die Städte – 2. dem Reich – 3. der Tempel (2 Möglichkeiten) – 4. der Kriege – 5. durch die Kriege – 6. der Stadt (2 Möglichkeiten) – 7. durch die Belohnung – 8. den Tempeln

13 Ergänze den Nominativ Singular:

1. Fall	....	....	....	....
6. Fall	*oppido*	*viro*	*amico*	*agro*

C U-DEKLINATION

1 u-Stämme auf *-us, -us*

	casus, -us m. „Fall“			
	Singular		**Plural**	
1./5. F.	*casus*	der Fall	*casus*	die Fälle
2. F.	*casus*	des Falles	*casuum*	der Fälle
3. F.	*casui*	dem Fall	*casibus*	den Fällen
4. F.	*casum*	den Fall	*casus*	die Fälle
6. F.	*casu*	durch den Fall	*casibus*	durch die Fälle

- ***domus, -us*** f. („Haus“) bildet einige Formen nach der o-Deklination: Ablativ Sg. *domo*, Akkusativ Pl. *domos*, Genitiv Pl. *domorum* (aber auch *domuum*);
- die Form ***domi*** ist ein Lokativ (siehe Seite 96) und bedeutet „zu Hause“.

GESCHLECHT: Substantiva auf *-us, -us* sind meist **maskulin.**
Feminine Ausnahmen:
◆ *manus, -us* („Hand“)
◆ *domus, -us* („Haus“)
◆ *porticus, -us* („Säulenhalle“)
◆ *tribus, -us* („die Tribus“ = Wahlbezirk)
◆ *Idus, -uum* (Pluralwort!; „die Iden“ = 13. oder 15. Tag des Monats)

2 u-Stämme auf *-u, -us*

	cornu, -us n. „Horn“, „Heeresflügel“			
	Singular		**Plural**	
1./5. F.	*cornu*	das Horn	*cornua*	die Hörner
2. F.	*cornus*	des Hornes	*cornuum*	der Hörner
3. F.	*cornu*	dem Horn	*cornibus*	den Hörnern
4. F.	*cornu*	das Horn	*cornua*	die Hörner
6. F.	*cornu*	durch das Horn	*cornibus*	durch die Hörner

GESCHLECHT: Substantiva auf *-u, -us* sind immer **neutral.**

14 Übersetze:

1. *exercitui*
2. *manuum*
3. *metu*
4. *manibus* (2 Mögl.)
5. *adventum*
6. *senatui*
7. *domos*
8. *cornus*

15 Übersetze ins Lateinische:

1. der Hand (2 Möglichkeiten)
2. die Hände
3. mit den Händen
4. durch die Hand
5. der Hände
6. den Händen

16 Wie kann die Form *manus* nicht übersetzt werden?

a) die Hand b) die Hände c) der Hände d) der Hand

NOTA BENE

Einige Formen von *domus* sind analog zu den Städtenamen (siehe Seite 96) gebildet. Präge dir besonders gut ein:

- ***domum/domos*** („wohin?") ► nach Hause
- ***domi*** („wo?") ► zu Hause
- ***domo*** („woher?") ► von zu Hause

17 Übersetze:

1. *domui*
2. *domi*
3. *domum* (2 Möglichkeiten)
4. *domorum*
5. *domos* (2 Möglichkeiten)
6. *domus* (3 Möglichkeiten)

NOTA BENE

Nicht jedes Substantiv mit der **Nominativendung *-us*** gehört zur u-Deklination! Gib zu den folgenden Wörtern Genitiv und Geschlecht an und bestimme die Deklination!

1. *servus* Genitiv: .... Geschlecht: .... Deklination: ....
2. *salus* Genitiv: .... Geschlecht: .... Deklination: ....
3. *genus* Genitiv: .... Geschlecht: .... Deklination: ....
4. *metus* Genitiv: .... Geschlecht: .... Deklination: ....
5. *manus* Genitiv: .... Geschlecht: .... Deklination: ....

D E-DEKLINATION

	res, rei **f. „Sache“**			
	Singular		**Plural**	
1./5. F.	***res***	die Sache	***res***	die Sachen
2. F.	***rei***	der Sache	***rerum***	der Sachen
3. F.	***rei***	der Sache	***rebus***	den Sachen
4. F.	***rem***	die Sache	***res***	die Sachen
6. F.	***re***	durch die Sache	***rebus***	durch die Sachen

GESCHLECHT: Die Wörter der e-Deklination sind meist **feminin.**	
Maskuline Ausnahmen:	
◆ *dies, diei*	▶ „Tag“ (in der Bedeutung „Termin“, „Frist“ ist *dies* aber feminin)
◆ *meridies, -ei*	▶ „Mittag“

NOTA BENE

Zusammensetzungen mit *res*:

■ *res publica*	▶ „der Staat“
■ *res secundae* (Pl.!)	▶ „das Glück“
■ *res adversae* (Pl.!)	▶ „das Unglück“
■ *res gestae* (Pl.!)	▶ „die Taten“

* *eamus* = „wir wollen ... gehen“

18 Übersetze:

1. *spem*
2. *diei* (2 Möglichkeiten)
3. *res publicae*
4. *fide*
5. *meridie*
6. *res secundas*
7. *rerum adversarum*
8. *res gestae*
9. *diem*
10. *speciei* (2 Möglichkeiten)

19 Welche Übersetzung trifft für die Form *dies* nicht zu?

a) die Tage, b) der Tag, c) des Tages, d) den Tag

20 Bestimme den Fall und übersetze dann ins Lateinische:

1. des Staates
2. die Tage
3. den Sachen
4. in der Ebene
5. das Glück (2 Möglichkeiten)
6. der Taten
7. durch die Treue
8. des Tages
9. zu Mittag
10. im Unglück

21

1. **Fülle den Raster aus und finde heraus, in welchem Fall alle vier Deklinationen dieselbe Endung haben!**
2. **In welchem Fall sieht man jeweils den reinen Stamm?**

	e-Dekl.	o-Dekl.	u-Dekl.	a-Dekl.
1. F. Sg.	res			
2. F. Sg.				
4. F. Sg.				puellam
6. F. Sg.		amico		
1. F. Pl.			casus	
3./6. F. Pl.				

Die Nominativendung ***-es*** ist nicht auf die e-Deklination beschränkt, sondern kommt auch bei der **Dritten Deklination** vor, wo jedoch der Genitiv anders gebildet ist. Wie lautet er zu den folgenden Wörtern? (Du kannst ein Wörterbuch zur Hilfe heranziehen!)

1. *miles*, Genitiv: .... Geschlecht: .... Bedeutung: ....
2. *eques*, Genitiv: .... Geschlecht: .... Bedeutung: ....

E „DRITTE" DEKLINATION

Die sogenannte „Dritte" Deklination besteht aus drei Untergruppen, die im Großen und Ganzen ähnlich abwandeln, aber im Detail (4. und 6. F. Sg., 2. F. Pl., siehe Seite 22) auch Unterschiede aufweisen.

Dritte Deklination

→ Konsonantenstämme | Mischstämme | i-Stämme

Allen drei Gruppen ist – trotz sehr unterschiedlicher Nominativendungen – die **Genitivendung *-is*** gemeinsam (auf diese musst du folglich beim Vokabellernen besonders achten!).

Zu welcher Untergruppe ein Wort gehört, ergibt sich aus der Kombination des Nominativs und des Genitivs Sg. (siehe die Geschlechtsregeln zu den einzelnen Deklinationen).

1 Konsonantenstämme

Während die Substantive der a-/o-/e-/u-Deklination im Nominativ Sg. jeweils ganz bestimmte Endungen aufweisen, gehören zur konsonantischen Deklination scheinbar völlig unterschiedliche Wörter (zB *clamor, tempus, vox, nomen* etc.). Ihre Gemeinsamkeiten sind erst zu erkennen, wenn man den **Genitiv** betrachtet:

- der Genitiv endet durchwegs auf ***-is***: *clamor**is**, tempor**is**, voc**is**, nomin**is***
- der Stamm (= Genitiv ohne ***-is***) endet immer auf einen Konsonanten (Mitlaut): *clamor-**is**, tempor-**is**, voc-**is**, nomin-**is***

Die Kasus-Endungen sind für alle Konsonantenstämme gleich. Zu berücksichtigen ist nur, dass bei **neutralen Wörtern** der Akkusativ immer wie der Nominativ lautet und im 1./4. F. Plural die Endung stets ***-a*** ist (vgl. Seite 7).

Die Übersicht auf der nächsten Seite zeigt die Abwandlung der Konsonantenstämme anhand eines maskulinen (*mos*) und eines neutralen (*tempus*) Wortes.

	mos, moris m.* „Sitte“	
	Singular	**Plural**
1./5. F.	*mos*	*mor**es***
2. F.	*mor**is***	*mor**um***
3. F.	*mor**i***	*mor**ibus***
4. F.	*mor**em***	*mor**es***
6. F.	*mor**e***	*mor**ibus***

	tempus, temporis n.** „Zeit“	
	Singular	**Plural**
1./5. F.	*temp**us***	*tempor**a***
2. F.	*tempor**is***	*tempor**um***
3. F.	*tempor**i***	*tempor**ibus***
4. F.	*temp**us***	*tempor**a***
6. F.	*tempor**e***	*tempor**ibus***

* Die Endungen von *mos* gelten für alle **maskulinen** und **femininen** Substantiva der konsonantischen Deklination.

** Die Endungen von *tempus* gelten für alle **neutralen** Substantiva der konsonantischen Deklination.

DIE WICHTIGSTEN GESCHLECHTSREGELN:

Maskulin sind Wörter auf:

-er, -(e)ris:	zB *carcer, carceris*	(aber: *iter, cadaver, ver* ► neutrum)
-or, -oris:	zB *amor, amoris*	(aber: *arbor, -oris* „Baum“ ► feminin)
-os, -oris:	zB *mos, moris*	(aber: *os, oris* ► neutrum)
-l, -lis:	*sol, solis; sal, salis*	

Feminin sind Wörter auf:

-o, -onis:	zB *natio, nationis*	(aber: *sermo, -onis* ► maskulin)
-o, -inis:	zB *virgo, virginis*	(aber: *ordo, -inis* ► maskulin)
-x, -cis:	zB *vox, vocis*	
-x, -gis:	zB *lex, legis*	(aber: *grex, gregis; rex, regis* ► maskulin)
-as, -atis:	zB *aetas, aetatis*	
-us, -utis:	zB *virtus, -utis*	

Neutrum sind Wörter auf:

-men, -minis:	zB *nomen, nominis; flumen, fluminis*
-us, -eris:	zB *scelus, sceleris; opus, operis*
-us, -oris:	zB *tempus, temporis; corpus, corporis*
-us, -uris:	zB *ius, iuris*
-ur, -uris:	zB *murmur, -uris*

2 Mischstämme

Die Mischdeklination ist, wie der Name sagt, eine Mischung aus konsonantischer und i-Deklination (siehe Seite 22). Zu ihr gehören zwei Gruppen:

„Gleichsilbler"

Gleichsilbler sind jene Mischstämme, die **im 1. und 2. Fall Sg. dieselbe Endung (*-is, -is*)** haben. (Ausnahme: die i-Stämme wie *turris, -is; febris, -is* etc., vgl. Seite 22)

Zwei Konsonanten am Stammende

Ob ein Wort zu dieser Gruppe gehört, erkennt man, indem man vom Genitiv die Endung *-is* weglässt: zB *urbis* minus *-is* = ***urb***- (▶ zwei Konsonanten am Stammende).

	navis,-is f. „Schiff"	
	Singular	**Plural**
1./5. F.	*navis*	*naves*
2. F.	*navis*	*navium*
3. F.	*navi*	*navibus*
4. F.	*navem*	*naves*
6. F.	*nave*	*navibus*

	urbs, urbis f. „Stadt"	
	Singular	**Plural**
1./5. F.	*urbs*	*urbes*
2. F.	*urbis*	*urbium*
3. F.	*urbi*	*urbibus*
4. F.	*urbem*	*urbes*
6. F.	*urbe*	*urbibus*

GESCHLECHT: Die Wörter der Mischdeklination sind großteils **feminin**.

Maskuline Ausnahmen sind u. a.:

- *collis* („Hügel"), *mensis* („Monat"), *orbis* („Kreis")
- alle Wörter auf *-cis*, *-nis* und *-guis* (zB *piscis, -is* „Fisch", *finis, -is* „Grenze")
- *dens* („Zahn"), *mons* („Berg"), *fons* („Quelle"), *pons* („Brücke")

- *pater, patris* („Vater"), *mater, matris* („Mutter"), *frater, fratris* („Bruder") sind keine Misch-, sondern Konsonantenstämme (Genitiv Pl. *-um*)!
- Wie *navis* werden auch die Wörter auf ***-es*** *(-is)* abgewandelt (zB *aedes, -is* „Tempel", *vulpes, -is* „Fuchs" u. a.).

22 Gib den Nominativ Sg. an, bestimme Fall, Zahl, Geschlecht der Form und übersetze sie dann:

1. *patri*
2. *legem*
3. *aetatis*
4. *virtute*
5. *carmina*
6. *navium*
7. *regum*
8. *itinera*
9. *mores*
10. *cupidinis*
11. *finis*
12. *genus*
13. *partibus*
14. *cives*
15. *libertati*

NOTA BENE

Einige Endungen der Dritten Deklination sind gegenüber den übrigen Deklinationen besonders „verwechslungsanfällig":

23 Akkusativ Singular oder Genitiv Plural? Gib Nominativ und Genitiv Sg. an, bestimme die Deklination und übersetze:

1. *manum*
2. *regum*
3. *regnum*
4. *amicum*
5. *discipulum*
6. *nationum*
7. *legum*
8. *pedum*
9. *casum*
10. *virum*
11. *metum*
12. *fratrum*

24 Genitiv Singular oder Dativ/Ablativ Plural? Gib Nominativ und Genitiv Sg. an, bestimme die Deklination und übersetze:

1. *vocis*
2. *bellis*
3. *morbis*
4. *mortis*
5. *generis*
6. *puellis*
7. *liberis*
8. *originis*
9. *temporis*
10. *viris*
11. *litteris*
12. *pulchritudinis*

25 Konsonanten- oder Mischstamm? Gib jeweils Genitiv, Geschlecht und Bedeutung an (Nachschauen im Wörterbuch erlaubt!) und bestimme die Deklination!

1. *scelus*
2. *virtus*
3. *orbis*
4. *fons*
5. *finis*
6. *sermo*
7. *aetas*
8. *flumen*
9. *nox*
10. *ars*
11. *lux*
12. *mons*

3 i-Stämme

	feminine i-Stämme *turris, -is* f. „Turm“	
	Singular	**Plural**
1./5. F.	*turris*	*turres*
2. F.	*turris*	*turrium*
3. F.	*turri*	*turribus*
4. F.	*turrim*	*turres*
6. F.	*turri*	*turribus*

	neutrale i-Stämme *mare, maris* n. „Meer“	
	Singular	**Plural**
1./5. F.	*mare*	*maria*
2. F.	*maris*	*marium*
3. F.	*mari*	*maribus*
4. F.	*mare*	*maria*
6. F.	*mari*	*maribus*

GESCHLECHT:

- **feminine** i-Stämme sind *turris, -is* („Turm“), *febris, -is* („Fieber“), *sitis, -is* („Durst“), *puppis, -is* („Schiff“), *vis** („Kraft“, „Gewalt“), *securis, -is* („Beil“).
- **neutrale** i-Stämme sind alle Wörter auf ***-e*** (zB *mare, -is* „Meer“), ***-al*** (zB *animal, -alis* „Tier“) und ***-ar*** (zB *exemplar, -aris* „Vorbild“).

* Bei ***vis*** („Kraft“, „Gewalt“) dekliniert der Sg. unvollständig:

Sg. ***vis*** (1. F.), ***vim*** (4. F.), ***vi*** (6. F.)
Pl. ***vires, virium, viribus, vires, viribus***

4 Zusammenfassung: Unterschiede in der Dritten Deklination

Die drei Untergruppen der Dritten Deklination wandeln weitgehend gleich ab. Unterschiede weisen sie nur in den folgenden Fällen auf:

	Konsonantenstämme	**Mischstämme**	**i-Stämme**
4. F. Sg. m./f.	*-em*	*-em*	*-im*
6. F. Sg.	*-e*	*-e*	*-i*
1./4. F. Pl. n.	*-a*	–	*-ia*
2. F. Pl.	*-um*	*-ium*	*-ium*

26 Streiche die falsche Übersetzung:

1. *turrium:* den Turm/der Türme
2. *in mare:* im Meer/ins Meer
3. *animalis:* den Tieren/des Tieres
4. *puppes:* die Schiffe/den Schiffen
5. *febris:* das Fieber/dem Fieber

NOTA BENE

Achtung auf die Verwechslungsgefahr zwischen ***vir, viri*** („Mann“) und ***vis*** („Kraft“)!

Halte die folgenden Formen auseinander:

1. *viri,* 2. *vires,* 3. *viros,* 4. *virium,* 5. *virorum,* 6. *virum,* 7. *viris,* 8. *viribus.*

27 Übersetze die folgenden Formen:

1. *tempore*
2. *solis*
3. *servitudinem*
4. *ponti*
5. *artis*
6. *pedes*
7. *opera*
8. *in montes*
9. *mensi*
10. *libertas*
11. *iura*
12. *gentes*
13. *civium*
14. *pedum*
15. *itinera*
16. *nomen*

28 Gib die Deklination an und bilde den 6. F. Sg. und den 2. F. Pl.:

	Deklination	6. F. Sg.	2. F. Pl.
turris			
rex			
navis			
nomen			
arx			
mare			
mons			
scelus			

2. KAPITEL ADJEKTIVA (EIGENSCHAFTSWÖRTER)

Adjektiva

→ Adjektiva der a-/o-Deklination

→ Adjektiva der Dritten Deklination

A Adjektiva der a-/o-Deklination

Sie deklinieren wie *amicus* (siehe Seite 10), *amica* (Seite 8) und *verbum* (Seite 12):

	bonus, bona, bonum (= bonus 3) „gut"					
	Singular			**Plural**		
	m.	f.	n.	m.	f.	n.
1. F.	*bonus*	*bona*	*bonum*	*boni*	*bonae*	*bona*
2. F.	*boni*	*bonae*	*boni*	*bonorum*	*bonarum*	*bonorum*
3. F.	*bono*	*bonae*	*bono*	*bonis*	*bonis*	*bonis*
4. F.	*bonum*	*bonam*	*bonum*	*bonos*	*bonas*	*bona*
5. F.	*bone*	*bona*	*bonum*	*boni*	*bonae*	*bona*
6. F.	*bono*	*bona*	*bono*	*bonis*	*bonis*	*bonis*

Wie bei den Substantiven der o-Deklination gibt es auch bei den Adjektiven der a-/o-Deklination solche, die im 1. F. Sg. m. auf ***-er*** enden (vgl. Seite 12); sie deklinieren, abgesehen vom maskulinen Nominativ *-er*, wie *bonus, -a, -um:*

	das -e- bleibt erhalten (vgl. *puer*): *liber, libera, liberum* „frei"			das -e- fällt weg (vgl. *magister*): *pulcher, pulchra, pulchrum* „schön"		
1. F.	*liber*	*libera*	*liberum*	*pulcher*	*pulchra*	*pulchrum*
2. F.	*liberi*	*liberae*	*liberi*	*pulchri*	*pulchrae*	*pulchri*
3. F.	*libero*	*liberae*	*libero*	*pulchro*	*pulchrae*	*pulchro*
	(etc.)			(etc.)		

Adjektiva auf *-er* gibt es auch bei der Dritten Deklination: *acer, acris, acre* („heftig"), *celer, celeris, celere* („schnell") u. a. (vgl. Seite 26).

29 Übersetze:

1. *puellam pulchram*
2. *virorum Romanorum*
3. *vias longas*
4. *aedificia publica*
5. *liberis multis*
6. *amici boni* (3 Möglichkeiten)
7. *amicae bonae* (4 Möglichkeiten)
8. *populo Romano*
9. *magni oppidi*
10. *in terra nostra*
11. *templum antiquum* (2 Möglichkeiten)
12. *amicum novum*
13. *hora quarta* (2 Möglichkeiten)
14. *viro libero*

30 Welches Adjektiv passt? Wähle aus und übersetze die Wortgruppe! (*Nota bene*: Entscheidend für die Endung des Adjektivs ist nicht die Endung des Substantivs, sondern dessen Fall, Zahl und Geschlecht!)

Exempla: *tempus* (1. F. Sg. neutrum) *long**um*** = „die lange Zeit“
hominis (2. F. Sg. maskulin) *bon**i*** = „des guten Menschen“
domum (4. F. Sg. feminin) *magn**am*** = „das große Haus“

1. *regem (bonorum/bonam/bonum)*
2. *patris (tui/tuis/tuo)*
3. *legi (novae/novi/novo)*
4. *res (publicus/publicos/publicas)*
5. *poetarum (clararum/clarorum/clarum)*
6. *opus (magnus/magna/magnum)*
7. *diei (pulchro/pulchrae/pulchra)*
8. *morum (bonum/bonam/bonorum)*

31 Stimme das in Klammer stehende Adjektiv mit dem Substantiv überein und übersetze dann:

Exemplum: *rem (publicus): 4. F. Sg. f.* ► *rem publicam*

1. *urbs (antiquus)*
2. *spei (summus)*
3. *scelus (magnus)*
4. *domus (novus)* (3 Möglichkeiten)
5. *mores (Romanus)* (2 Möglichkeiten)
6. *virtutis (maximus)*
7. *vox (tuus)*
8. *voluntate (optimus)*
9. *auctoritatem (summus)*
10. *reges (bonus)* (2 Möglichkeiten)
11. *dierum (pulcher)*
12. *hominibus (liber)*
13. *manum (meus)*
14. *mare (altus)*
15. *tempori (longus)*
16. *casu (malus)*

B ADJEKTIVA DER DRITTEN DEKLINATION

Die meisten Adjektiva dieser Gruppe deklinieren wie **i-Stämme** (vgl. Seite 22), sieht man vom Akkusativ Sg. m. + f. ab, der auf ***-em*** (und nicht auf *-im*) endet.

Die größte Gruppe dieser Wörter hat **zwei Endungen** für den **Nominativ Sg.**: ***-is*** (= mask. + fem.), ***-e*** (= neutr.)

	***omnis, omne* „jeder" (Pl. „alle")**					
	Singular			**Plural**		
	m.	f.	n.	m.	f.	n.
1./5. F.	*omn**is***	*omn**is***	*omn**e***	*omn**es***	*omn**es***	*omn**ia***
2. F.	*omn**is***	*omn**is***	*omn**is***	*omn**ium***	*omn**ium***	*omn**ium***
3. F.	*omn**i***	*omn**i***	*omn**i***	*omn**ibus***	*omn**ibus***	*omn**ibus***
4. F.	*omn**em***	*omn**em***	*omn**e***	*omn**es***	*omn**es***	*omn**ia***
6. F.	*omn**i***	*omn**i***	*omn**i***	*omn**ibus***	*omn**ibus***	*omn**ibus***

Neben dieser häufigsten Gruppe gibt es auch Adjektiva der Dritten Deklination, die im Nominativ Sg. **eine Endung** (für alle drei Geschlechter) bzw. **drei Endungen** (für jedes einzelne Geschlecht) haben (ab dem Genitiv ist die Abwandlung aber identisch mit der von *omnis, -e*!):

	Adjektiva mit **einer** Endung: ***felix, -icis* „glücklich"**			Adjektiva mit **drei** Endungen: ***celer, celeris, celere* „schnell"**		
1. F.	*felix*	*felix*	*felix*	*celer*	*celeris*	*celere*
2. F.	*felicis*	*felicis*	*felicis*	*celeris*	*celeris*	*celeris*
	(etc.)			(etc.)		

Einige „einendige" Adjektiva deklinieren wie **Konsonantenstämme** (vgl. Seite 18 f.), d. h., sie haben im Abl. Sg. ***-e*** (statt *-i*), im Gen. Pl. ***-um*** (statt *-ium*) und im Nominativ/Akkusativ Pl. ***-a*** (statt *-ia*). Die wichtigsten von ihnen sind:

dives, divitis („reich")	*princeps, principis* („der erste")
pauper, pauperis („arm")	*particeps, participis* („Anteil habend")
vetus, veteris („alt")	*superstes, superstitis* („überlebend")
victor, victoris („siegreich")	

32 Übersetze die folgenden Wortgruppen:

1. *viri nobilis*
2. *homines constantes*
3. *puero omni*
4. *manus pares*
5. *exercitus fortis*
6. *deorum immortalium*
7. *discipulum diligentem*
8. *feminae felici*
9. *consilium prudens*
10. *puellae felices*

(Bei 5. und 9. gibt es zwei Möglichkeiten!)

33 Welches Adjektiv passt zu welchem Substantiv? Ordne zu!

1. *pensum (facilium/facilem/facile)*
2. *equus (celeris/celer/celeres)*
3. *viri (fortis/fortes/forti)*
4. *exercitus (ingenti/ingentes/ingentium)*
5. *virtute (pari/pare/pares)*
6. *hominum (crudelium/crudelem/crudelum)*

34 Fülle den Raster aus!

	magnus 3	*similis, -e*	*vetus, -eris*
1. *filius*			
2. *amicam*			
3. *liberi*			
4. *viros*			
5. *urbs*			
6. *aedificium*			
7. *hominum*			
8. *exercitui*			
9. *oppida*			
10. *domum*			
11. *metu*			
12. *templi*			

C STEIGERUNG

1 Komparativ (Mehrstufe)

Erkennungszeichen für den Komparativ ist bei allen Adjektiven die Silbe *-ior-* (bzw. *-ius* im 1./4. F. Sg. n.). Die Abwandlung erfolgt nach der **konsonantischen Deklination** (vgl. Seite 18 f.).

	fortior, fortius „tapferer"			
	Singular		**Plural**	
	m. + f.	n.	m. + f.	n.
1./5. F.	*fortior*	*fortius*	*fortiores*	*fortiora*
2. F.	*fortioris*	*fortioris*	*fortiorum*	*fortiorum*
3. F.	*fortiori*	*fortiori*	*fortioribus*	*fortioribus*
4. F.	*fortiorem*	*fortius*	*fortiores*	*fortiora*
6. F.	*fortiore*	*fortiore*	*fortioribus*	*fortioribus*

ÜBERSETZUNG DES KOMPARATIVS:

- als **echter Komparativ** (wenn ein Vergleich gezogen wird):
  murus altior = „eine höhere Mauer"
- mit **„ziemlich":** *murus altior* = „eine ziemlich hohe Mauer"
- mit **„(all)zu":** *murus altior* = „eine allzu hohe Mauer"

NOTA BENE

Adjektiva auf

- ***-eus*** (zB *idoneus* = „geeignet")
- ***-ius*** (zB *necessarius* = „nötig")
- ***-uus*** (zB *arduus* = „steil")

bilden die Steigerung durch Umschreibung mit ***magis*** (Komparativ) und ***maxime*** (Superlativ):

Der Vergleich wird entweder durch ***quam*** („als") oder den **Vergleichsablativ** (siehe Seite 94) ausgedrückt:

Te maior sum. = *Maior sum quam tu.* („Ich bin größer als du.")

35 Übersetze die Wortgruppen auf jeweils zwei Arten! (Achte auf den Unterschied zwischen Komparativ und Superlativ!)

1. *filias cariores*
2. *rex crudelior*
3. *fratres simillimi*
4. *iter longius*
5. *montis altioris*
6. *viros nobiliores*
7. *domum pulchriorem*
8. *in flumine altissimo*
9. *militem fortiorem*
10. *opus difficilius*

36 Setze die Wortgruppen in die jeweils andere Zahl und übersetze dann auf zwei verschiedene Arten:

Exemplum: *puellam pulchriorem:* 4. F. **Sg.** ▶ 4. F. **Pl.**: *puellas pulchriores*

▼

- die hübscheren Mädchen
- die ziemlich hübschen Mädchen

1. *labores difficiliores:* ....
2. *viri fortioris:* ....
3. *hominum miseriorum:* ....
4. *aedificium pulchrius:* ....
5. *iter longius:* ....
6. *consilia prudentiora:* ....
7. *puellas feliciores:* ....
8. *sceleri crudeliori:* ....
9. *operis clarioris:* ....

37 *„Femina felicissima militi fortissimo basium dat"* heißt ...

1. Die glückliche Frau gibt dem ziemlich tapferen Soldaten einen Kuss.
2. Die sehr glückliche Frau gibt dem tapferen Soldaten einen Kuss.
3. Die ziemlich glückliche Frau gibt dem tapfersten Soldaten einen Kuss.
4. Die glücklichste Frau gibt dem tapfersten Soldaten einen Kuss.

2 Superlativ (Meiststufe)

Erkennungszeichen für den Superlativ ist bei den meisten Adjektiven ***-issimus** (-**a**, -**um**)*, bei einigen auch ***-errimus** (-**a**, -**um**)* oder ***-illimus** (-**a**, -**um**)*.
Der Superlativ dekliniert nach der a-/o-Deklination (siehe Seite 24).

	GRUNDSTUFE	SUPERLATIV
*-**issimus*** (= „Normalfall")	*altus, -a, -um*	*alt**issimus**, -a, -um*
	fortis, -e	*fort**issimus**, -a, -um*
	felix, felicis	*felic**issimus**, -a, -um*
	prudens, prudentis	*prudent**issimus**, -a, -um*
*-**errimus*** (bei Adj. auf *-er* in der Grundstufe)	*pulcher, pulchra, pulchrum*	*pulch**errimus**, -a, -um*
	celer, celeris, celere	*cel**errimus**, -a, -um*
*-**illimus*** (bei *similis, dissimilis, facilis, difficilis, humilis*)	*similis, -e*	*sim**illimus**, -a, -um*
	facilis, -e	*fac**illimus**, -a, -um*

ÜBERSETZUNG DES SUPERLATIVS:

- als **echter Superlativ** (wenn ein Vergleich gezogen wird):
  murus altissimus = „die höchste Mauer"
- mit **„sehr"** (sog. Elativ):
  murus altissimus = „eine sehr hohe Mauer"

3 Unregelmäßige Steigerung

GRUNDSTUFE	KOMPARATIV	SUPERLATIV
bonus 3 (gut)	***melior, melius***	***optimus 3***
malus 3 (schlecht)	***peior, peius***	***pessimus 3***
magnus 3 (groß)	***maior, maius***	***maximus 3***
parvus 3 (klein)	***minor, minus***	***minimus 3***
multi, -ae, -a (viele)	***plures, plura***	***plurimi, -ae, -a***
multum (viel)	***plus*** (Gen.: ***pluris***)	***plurimum***

Unterscheide *plures* (Komparativ) und *complures* („mehrere", kein Komparativ!):

- *plures homines* = mehr Menschen
- *complures homines* = mehrere Menschen

38 Übersetze auf zwei Arten:

1. *oppidum antiquissimum*
2. *puellam pulcherrimam*
3. *viris felicissimis*
4. *homines prudentissimos*
5. *pensa facillima*
6. *domui novissimae*

39 Ordne die folgenden Formen in die drei Spalten:

minus – bonus – optimum – plus – novus – peiorem – facillimam – pessima – maiora – maxima – varius – fortius – crudelium – felicius – fortis – medius – melius – similibus

40 Nur eine der in Klammer stehenden Steigerungsformen passt. Welche?

1. *vires (maximas/maximi/maximos)*
2. *domus (minus/minora/minor)*
3. *a puella (minori/minore/minora)*
4. *artis (maximae/maximis/maximi)*
5. *carmen (peius/peiorem/peior)*
6. *rei (meliores/melioris/optimi)*
7. *hominibus (plurimis/pluris/plurimus)*
8. *spem (maximum/maiorem/maius)*

D ADVERBIUM (UMSTANDSWORT)

Ein Adverb bestimmt, wie der Name sagt (*ad verbum* = „zum Verb“), ein Zeitwort näher; es steht auf die Frage **„auf welche Weise?“**. Es kann nicht dekliniert werden.

1 Adverbbildung in der Grundstufe

In der Grundstufe hängt die Bildung des Adverbs von der Deklination ab, zu der das Adjektiv gehört:

	ADJEKTIV	ADVERB
-e (Adj. der a-/o-Dekl.)*	*certus, certa, certum* *pulcher, pulchra, pulchrum*	▶ *certe* ▶ *pulchre*
-iter (Adj. der Dritten Dekl.)**	*fortis, forte* *felix, felicis* *celer, celeris, celere*	▶ *fortiter* ▶ *feliciter* ▶ *celeriter*
-nter (Adj. auf *-ns*)	*prudens, prudentis* *constans, constantis*	▶ *prudenter* ▶ *constanter*

* Ausnahme: *bonus* → *bene*
** Ausnahme: *facilis* → *facile*

2 Steigerung des Adverbs

Die Steigerung des Adverbs ist für die Adjektiva aller Deklinationen gleich:
-ius im Komparativ und ***-e*** im Superlativ.

GRUNDSTUFE	KOMPARATIV: *-ius*	SUPERLATIV: *-e*
certe (sicher) *pulchre* (schön)	*certius* (sicherer) *pulchrius* (schöner)	*certissime* (am sichersten) *pulcherrime* (am schönsten)
fortiter (tapfer) *feliciter* (glücklich) *celeriter* (schnell)	*fortius* (tapferer) *felicius* (glücklicher) *celerius* (schneller)	*fortissime* (am tapfersten) *felicissime* (am glücklichsten) *celerrime* (am schnellsten)
prudenter (klug) *constanter* (fest)	*prudentius* (klüger) *constantius* (fester)	*prudentissime* (am klügsten) *constantissime* (am festesten)
bene (gut) *male* (schlecht)	*melius* (besser) *peius* (schlechter)	*optime* (am besten) *pessime* (am schlechtesten)

Im Lateinischen steht (wie im Englischen!) **bei *esse* kein Adverb**, sondern das Adjektiv:

- Der Knabe lernt **fleißig**. (Frage: „auf welche Weise?“ ▶ **Adverb**)
  = *Puer **diligenter** discit.* (vgl. the boy learns ***diligently***)
- Der Knabe ist **fleißig**. (Frage: „wie beschaffen?“ ▶ **Adjektiv**)
  = *Puer **diligens** est.* (vgl. the boy is ***diligent***)

41 Bilde die Adverbformen in allen drei Stufen:

ADJEKTIV	ADVERB		
miser, -era, -erum	misere	miserius	miserrime
sapiens, -entis			
crudelis, -e			
malus 3			
simplex, -icis			
verus 3			
acer, acris, acre			
	Grundstufe	**Komparativ**	**Superlativ**

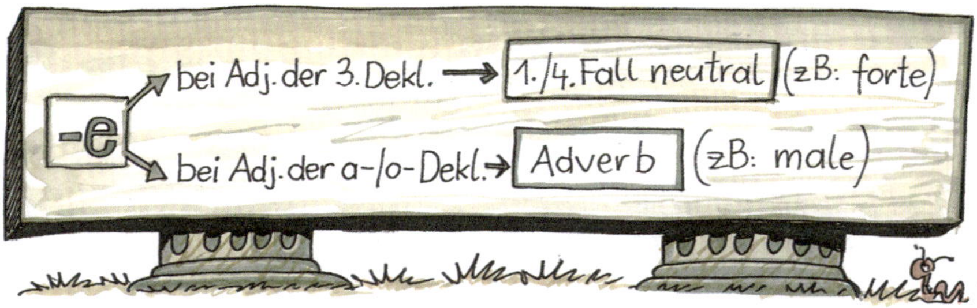

42 Bestimme (allenfalls mit Hilfe des Lexikons) die Deklination des Adjektivs, kreuze an, um welche Form es sich handelt, und übersetze die Form:

	abgeleitet von	Adverb	1./4. F. n.	Übersetzung
longe	longus 3	X		lang
crudele				
acre				
publice				
simile				

NOTA BENE

-e kann natürlich nicht nur die Endung des Adverbs oder des Adjektivs, sondern auch die **Ablativendung** der e-Deklination (zB *fide*), der konsonantischen (zB *voce*) und der Mischdeklination (zB *urbe*) sein!

Welche Form passt nicht in die Reihe?

recte – virtute – maxime – graviter

GRAMMATIK-CHECKLISTE 1 SUBSTANTIVA, ADJEKTIVA

Hier kannst du nochmals überprüfen, ob du beim Stoff der Seiten 6 bis 33 schon wirklich sattelfest bist!

1. Bei allen Deklinationen sind der Dativ Pl. und der .... identisch.
2. Bei neutralen Wörtern ist der Nominativ immer identisch mit dem ....
3. Der 1./4 Fall Plural endet bei allen neutralen Nomina auf -..... .
4. Der reine Wortstamm zeigt sich bei der a-/o-/e-/u-Deklination im ..... . Fall Sg.
5. Der Vokativ ist immer identisch mit dem Nominativ; Ausnahme sind Wörter, die im Nominativ auf -.......... (Genitiv: - .....) enden.
6. Nach dem natürlichen Geschlecht sind alle Bäume im Lateinischen feminin/maskulin/neutrum. Alle Völker und Flüsse sind feminin/maskulin/neutrum.
7. *-i* ist bei maskulinen Wörtern der o-Deklination die Endung für folgende Fälle: ....
8. Der Akkusativ Pl. der a-Deklination endet auf -.......... .
9. Wörter der u-Deklination sind meistens feminin/maskulin/neutrum. (Ausnahmen: ....)
10. Wörter der e-Deklination sind meistens feminin/maskulin/neutrum. (Zwei Ausnahmen: ....)
11. Das gemeinsame Merkmal aller Wörter der 3. Deklination ist der Genitiv Sg. auf - ....
12. Zur dritten Deklination gehören folgende drei Untergruppen:
    a) ...., b) ....,
    c) ....
13. Wörter auf *-men, -minis* sind immer feminin/maskulin/neutrum.
14. Wörter auf *-o, -inis/-onis* sind meistens feminin/maskulin/neutrum.

15. Wörter auf *-x* sind meistens feminin/maskulin/neutrum.

16. Wörter auf *-er, -or* und *-os* sind meistens feminin/maskulin/neutrum.

17. Zu den Mischstämmen gehören folgende Wörter: a) ....
b) ....

18. Zu den i-Stämmen gehören folgende Wörter: ....
....

19. Bei den Adjektiven gibt es folgende zwei Gruppen:
a) Adjektiva der .... Deklination, b) Adjektiva der .... Deklination.

20. Adjektiva der dritten Deklination haben im Ablativ Sg. die Endung -..... .
(Ausnahme: zB *dives, pauper, vetus* → Abl. Sg. auf -.....)

21. An der Silbe *-ior* erkennt man den ....

22. Adjektiva auf *-er* bilden den Superlativ auf ....

23. Einen Komparativ kann man auch mit .... oder
.... übersetzen.

24. Einen Superlativ kann man auch mit .... übersetzen.

25. Die Steigerung zu *bonus* lautet: ....

26. Die Steigerung zu *malus* lautet: ....

27. *minor/minus* ist der Komparativ von .... und bedeutet
....

28. *plurimi* bedeutet .... und ist der Superlativ von
....

29. Nach einem Adverb fragt man mit ....

30. Adjektiva der a-/o-Deklination bilden das Adverb auf -..... .

31. Adjektiva der 3. Deklination bilden das Adverb auf -.................. .

32. Das Adverb zu *crudelis* lautet *crudele/crudeliter.*

33. Das Adverb zu *bonus* heißt ....

3. KAPITEL	PRONOMINA (FÜRWÖRTER)

A PERSONALPRONOMINA (PERSÖNLICHE FÜRWÖRTER)

	1. Person		2. Person		3. Person reflexiv*	
	Singular					
1. F.	***ego***	ich	***tu***	du	–	–
2. F.	***mei***	meiner	***tui***	deiner	***sui***	seiner, ihrer
3. F.	***mihi***	mir	***tibi***	dir	***sibi***	sich
4. F.	***me***	mich	***te***	dich	***se***	sich
6. F.	***a me*** ***mecum***	von mir mit mir	***a te*** ***tecum***	von dir mit dir	***a se*** ***secum***	von sich mit sich
	Plural					
1. F.	***nos***	wir	***vos***	ihr	–	–
2. F.	***nostri*** ***nostrum*****	unser von uns	***vestri*** ***vestrum*****	euer von euch	***sui***	ihrer
3. F.	***nobis***	uns	***vobis***	euch	***sibi***	sich
4. F.	***nos***	uns	***vos***	euch	***se***	sich
6. F.	***a nobis*** ***nobiscum***	von uns mit uns	***a vobis*** ***vobiscum***	von euch mit euch	***a se*** ***secum***	von sich mit sich

* Die Formen *sui, sibi, se* sind **reflexiv** („rückbezüglich"), d. h., sie beziehen sich auf das **Subjekt des Satzes**:

Marcus semper ***se*** *laudat.* ▶ Markus lobt immer **sich.**

Das **nicht reflexive** Personalpronomen lautet *is, ea, id* („er, sie, es", vgl. Seite 40).

Im Gegensatz zum Deutschen gibt es im Lateinischen auch ein **indirektes Reflexiv**, das sich auf das Subjekt des **übergeordneten Satzes** bezieht. Es steht in innerlich abhängigen Sätzen (in Final-, Begehr-, indirekten Fragesätzen, in Sätzen mit dem *coni. obliquus* sowie im ACI):

Marcus optat, ut omnes ***se*** *laudent.* ▶ Markus wünscht, dass alle **ihn** loben.

** ***nostrum*** und ***vestrum*** sind sogenannte **Teilungsgenitive** (siehe Seite 92 f.): Sie werden verwendet, wenn aus einer Gesamtheit ein bestimmter Teil herausgehoben wird (zB *quis vestrum*? = wer **von** euch?, *multi nostrum* = viele **von** uns).

43 Übersetze:

1. *te*
2. *vos* (2 Möglichkeiten)
3. *nobis*
4. *tui*
5. *se*
6. *mihi*
7. *nostrum*
8. *tibi*
9. *vestri*
10. *tecum*
11. *mei*
12. *me*
13. *vestrum*
14. *nos* (2 Möglichkeiten)
15. *vobis*

44 Wie viele Personalpronomina kannst du entdecken? Es zählen alle Wörter, die waagrecht, senkrecht oder diagonal zu lesen sind!

T	B	S	A	V	S	I
E	O	M	M	E	U	R
N	G	V	S	S	I	M
O	N	O	S	T	R	I
L	V	B	I	R	O	H
M	E	I	S	I	B	I
E	T	S	E	C	U	M

45 Setze die richtigen Formen des in Klammer stehenden Pronomens ein:

1. *Da .... (ego) hunc librum!*
2. *............................ (tu) in sole ambulare cupio.*
3. *Numquam .... (ego) visitavisti.*
4. *............................ (vos) semper memor ero.*
5. *Quis .... (nos) non libenter diu dormit?*
6. *Accepistine litteras, quas .... (tu) scripsi?*
7. *Mox .... (ego) ad cenam invitaberis.*
8. *Vir prudens semper omnes res suas .... portat.*
9. *Magister .... (nos) forum Romanum monstravit.*
10. *Iamne .... (vos) fabulam de Polyphemo narravi?*

B POSSESSIVPRONOMINA (BESITZANZEIGENDE FÜRWÖRTER)

Possessivpronomina sind meist in Fall, Zahl und Geschlecht mit einem Substantiv übereingestimmt, verhalten sich also wie **Adjektiva**.

	1. Person	2. Person	3. Person (reflexiv*)	3. Person (nicht reflexiv**)
Sg.	***meus, -a, -um***	***tuus, -a, -um***	***suus, -a, -um***	***eius***
	mein	dein	sein; ihr	dessen; deren
Pl.	***noster, -tra, -trum***	***vester, -tra, -trum***	***suus, -a, -um***	***eorum; earum***
	unser	euer	ihr	deren

* Das **reflexive** (= rückbezügliche) Possessivpronomen bezieht sich auf das **Subjekt** desselben Satzes (d. h., der „Besitzer" ist Subjekt):

*Marcus cani **suo** os dat.*

= Markus gibt **seinem** Hund einen Knochen.

** Das **nicht reflexive** Possessivpronomen der 3. P. bezieht sich auf ein Wort, das **nicht Subjekt** im Satz ist (d. h., der „Besitzer" ist nicht Subjekt):

*Marcus canem habet. **Eius** os nemo tangere debet.*

Markus hat einen Hund. **Dessen** (seinen) Knochen darf niemand anrühren.

*Marcus duos canes habet. **Eorum** os nemo tangere debet.*

Markus hat zwei Hunde. **Deren** (ihre) Knochen darf niemand anrühren.

(Zur Unterscheidung reflexiv ◀▶ nicht reflexiv vgl. auch die Personalpronomina Seite 36.)

46 Übersetze und zeichne durch einen Pfeil ein, auf welches Nomen sich das Possessivpronomen jeweils bezieht!

1. *Marcus **eius**que amica Romam iter faciunt.*
2. *Etiam Iulia **eius**que amicus Romam iter faciunt.*
3. *Lucius cum **sua** amica iam Romae est.*
4. *Etiam Claudia cum **suo** amico iam Romae est.*

Omnes viae Romam trahunt! (Alle Wege führen nach Rom!)

5. *Etiam parentes **eorum**que amici mox Romam venient.*
6. *Iulia **suas** parentes iam summo gaudio exspectat.*
7. *Marcus **suos** parentes minimo gaudio exspectat.*
8. *Quis nostrum nondum cum amicis **suis** Romae fuit?*
9. *Urbs Roma **eius**que monumenta omnibus placent.*
10. *Claudia cum **suis** amicis Romam iter fecit. **Eius** frater domi mansit.*
11. *Magister liberis multa de Romanis **eorum**que imperio narrat.*
12. *Iulia Marcusque iam multa oppida visitaverunt. **Eorum** enim pater amicus imperatoris est.*
13. *Multi auctores Romani de virtute Hannibalis **eius**que facinoribus narrabant.*

NOTA BENE

Possessivpronomina können auch **wie Substantiva** verwendet werden, d. h., sie sind dann nicht übereingestimmt:

mei, meorum = die Meinen
nostri, nostrorum = die Unseren, unsere Leute
sui, suorum = die Seinen/die Ihren, seine/ihre Leute
suum (= sua) = das Seine; das Ihre (= ihr Hab und Gut)

47 Übersetze:

1. *Meos maxime amo.*
2. *Nostri universi e nave desiluerunt.*
3. *Suum cuique.*
4. *Omnia mea mecum porto.*

C DEMONSTRATIVPRONOMINA (HINWEISENDE FÜRWÖRTER)

Merkmal aller Demonstrativpronomina sind die Endungen ***-ius*** für den Genitiv Sg. und ***-i*** für den Dativ Sg. (vgl. die Pronominale Deklination Seite 48).

	***is, ea, id* = „dieser, diese, dieses"; „er, sie, es"**					
	Singular			**Plural**		
	m.	f.	n.	m.	f.	n.
1./5. F.	*is*	*ea*	*id*	*ii*	*eae*	*ea*
2. F.	***eius***	***eius***	***eius***	***eorum***	***earum***	***eorum***
3. F.	***ei***	***ei***	***ei***	***iis***	***iis***	***iis***
4. F.	***eum***	***eam***	***id***	***eos***	***eas***	***ea***
6. F.	***eo***	***ea***	***eo***	***iis***	***iis***	***iis***

is, ea, id wird auch als nicht reflexives Personalpronomen der 3. P. („er, sie, es") gebraucht:

Faustregel:

- *is, ea, id* mit Nomen **übereingestimmt** ▶ demonstrativ („dieser, -e, -es"):
  zB ***Eam*** *puellam amo*. = Ich liebe **dieses** Mädchen.
- *is, ea, id* **nicht übereingestimmt** ▶ Personalpronomen („er, sie, es"):
  zB ***Eam*** *amo*. = Ich liebe **sie**.

Die Genitive *eius* bzw. *eorum/earum* werden auch als nicht reflexive Possessivpronomina der 3. Person verwendet (Seite 38).

	***idem, eadem, idem* = „derselbe, dieselbe, dasselbe"**					
	Singular			**Plural**		
	m.	f.	n.	m.	f.	n.
1./5. F.	***idem***	***éadem***	***idem***	***iidem***	***eaedem***	***éadem***
2. F.	***eiusdem***	***eiusdem***	***eiusdem***	***eorundem***	***earundem***	***eorundem***
3. F.	***eidem***	***eidem***	***eidem***	***iisdem***	***iisdem***	***iisdem***
4. F.	***eundem***	***eandem***	***idem***	***eosdem***	***easdem***	***éadem***
6. F.	***eodem***	***eádem***	***eodem***	***iisdem***	***iisdem***	***iisdem***

idem, eadem, idem setzt sich aus den Formen von *is, ea, id* (siehe oben) und ***-dem*** (entspricht dem deutschen „-selbe") zusammen, wobei auslautendes *-m* vor *-d-* zu *-n* wird: *eu**n**-dem* aus *eu**m**-dem* etc. (Assimilation, vgl. Seite 160).

48 **Übersetze die folgenden Wortgruppen und setze sie dann in die andere Zahl (Sg. → Pl., Pl. → Sg.):**

	Übersetzung	andere Zahl
eius viri	dieses Mannes	eorum virorum
in ea urbe		
eadem manu		
ii homines		
eorundem fratrum		
eum populum		
ea oppida		
iisdem hostibus		
eandem rem		
id mare		

49 **Stimme *is, ea, id* und *idem, eadem, idem* überein und übersetze:**

puellam eam/eandem = dieses/dasselbe Mädchen

urbi .... = ...

oppidi .... = ...

rerum .... = ...

leges .... = ...

virtute .... = ...

magistratibus .... = ...

amicos .... = ...

	hic, haec, hoc = „dieser, diese, dieses“					
	Singular			Plural		
	m.	f.	n.	m.	f.	n.
1./5. F.	*hic*	*haec*	*hoc*	*hi*	*hae*	*haec*
2. F.	*huius*	*huius*	*huius*	*horum*	*harum*	*horum*
3. F.	*huic*	*huic*	*huic*	*his*	*his*	*his*
4. F.	*hunc*	*hanc*	*hoc*	*hos*	*has*	*haec*
6. F.	*hoc*	*hac*	*hoc*	*his*	*his*	*his*

	ille, illa, illud = „jener, jene, jenes“					
	Singular			Plural		
	m.	f.	n.	m.	f.	n.
1./5. F.	*ille*	*illa*	*illud*	*illi*	*illae*	*illa*
2. F.	*illíus*	*illíus*	*illíus*	*illorum*	*illarum*	*illorum*
3. F.	*illi*	*illi*	*illi*	*illis*	*illis*	*illis*
4. F.	*illum*	*illam*	*illud*	*illos*	*illas*	*illa*
6. F.	*illo*	*illa*	*illo*	*illis*	*illis*	*illis*

Ebenso wie *ille, illa, illud* wandelt ***iste, ista, istud*** („dieser da“, meist abschätzig gemeint) ab.

	ipse, ipsa, ipsum = „selbst“					
	Singular			Plural		
	m.	f.	n.	m.	f.	n.
1./5. F.	*ipse*	*ipsa*	*ipsum*	*ipsi*	*ipsae*	*ipsa*
2. F.	*ipsíus*	*ipsíus*	*ipsíus*	*ipsorum*	*ipsarum*	*ipsorum*
3. F.	*ipsi*	*ipsi*	*ipsi*	*ipsis*	*ipsis*	*ipsis*
4. F.	*ipsum*	*ipsam*	*ipsum*	*ipsos*	*ipsas*	*ipsa*
6. F.	*ipso*	*ipsa*	*ipso*	*ipsis*	*ipsis*	*ipsis*

50 Stimme die Demonstrativpronomina mit den in der ersten Spalte stehenden Substantiva überein:

	hic	*ille*	*ipse*	*idem*
puellas				
liberorum				
oppida				
die				
regis				
nomini				
aestate				
puerum				
uxores (1. F.)				
rebus				

51 Wähle von den folgenden drei Möglichkeiten die richtige(n) aus und übersetze:

1. *morem (hunc/hanc/eodem)* = ...
2. *casus (illae/eiusdem/huic)* = ...
3. *virtute (eodem/illo/hac)* = ...
4. *flumen (hoc/illum/id)* = ...
5. *dies (has/hi/huius)* = ...
6. *nomen (illud/eundem/hunc)* = ...
7. *scelus (illius/ipsum/eosdem)* = ...
8. *domus (ille/eae/is)* = ...
9. *verba (ea/hae/haec)* = ...
10. *imperatoris (istis/istius/iisdem)* = ...
11. *poetam (hanc/illam/eundem)* = ...
12. *dominis (his/illius/is)* = ...

D INTERROGATIVPRONOMINA (FRAGEPRONOMINA)

1 *quis, quid* (substantivisch)

Substantivisch bedeutet, dass das Pronomen wie ein Substantiv verwendet wird, also alleine steht und mit nichts übereingestimmt ist.

	quis, quid = „wer?“, „was?“			
	m. + f.		n.	
1. F.	***quis?***	wer?	***quid?***	was?
2. F.	***cuius?***	wessen?		
3. F.	***cui?***	wem?		
4. F.	***quem?***	wen?	***quid?***	was?
6. F.	***a quo?*** ***quocum?***	von wem? mit wem?		

ALLE BEDEUTUNGEN VON *QUIS, QUID*:

- **als substantivisches Fragepronomen** (im direkten oder indirekten Fragesatz): **„wer?“, „was?“** – ***Quis venit?*** = Wer kommt?
- **als Indefinitpronomen** (nach ***si, nisi, num, ne, ubi, cum*** oder nach einem **Relativpronomen** statt ***aliquis***): **„irgendwer“, „(irgend)jemand“/„(irgend)etwas“.**

  Die häufigsten Verbindungen sind:

  si quis = „wenn irgendwer (irgendeiner, jemand)“
  si quid = „wenn (irgend)etwas“

  ne quis = „dass/damit (nicht irgendwer =) keiner“
  ne quid = „dass/damit (nicht irgendwas =) nichts“

Zusammensetzungen mit *quis, quid*:
aliquis, aliquid = „irgendeiner“, „irgendetwas“
quisquam, quidquam (= quicquam) = „irgendeiner“, „irgendetwas“
quisque, quidque = „jeder“, „jedes“
quisquis, quidquid (= quicquid) = „jeder, der“, „alles, was“

52 Ergänze das fehlende Fragepronomen:

1. .... *in tabula legis?*
2. .... *pensa tua facere soles?*
3. .... *hanc epistulam accepisti?*
4. .... *haec puella non placet?*
5. .... *amica pulcherrima est?*
6. .... *ad cenam tuam invitare in animo habes?*
7. .... *linguam Latinam non amat?*

53 Wolltest du schon immer wissen, was „Tri-tra-trallala" auf Lateinisch heißt? Wenn du das folgende „Anfang-Ende"-Rätsel löst, erfährst du es!

So endet ...

der Akk. maskulin von *quis*: ....

der Abl. Sg. feminin von *qui, quae, quod*: ....

der Nom. Sg. neutrum von *ille*: ....

der Abl. Sg. von *res*: ....

der Dativ von *quis*: ....

der Abl. Sg. von *quae*: ....

So beginnt ...

der lat. Fachausdruck für „Fürwort": ....

der Akk. Pl. neutrum zu *is, ea, id*: ....

das lat. Wort für „König": ....

das lat. Wort für „selbst": ....

das lat. Wort für 1000: ....

das lat. Wort „irgendeiner": ....

die Präposition „über", „von": ....

der Akk. Sg. fem. von *is, ea, id*: ....

das lat. Wort für „jener": ....

das lat. Wort „irgendetwas": ....

Des Rätsels Lösung: „Tri-tra-trallala" = lat. ....

2 *qui, quae, quod* (adjektivisch)

Adjektivisch bedeutet, dass das Pronomen wie ein Adjektiv an ein Substantiv angepasst ist, d. h. nicht für sich alleine steht.

	qui, quae, quod = „welcher, welche, welches?"					
	Singular			Plural		
	m.	f.	n.	m.	f.	n.
1./5. F.	*qui*	*quae*	*quod*	*qui*	*quae*	*quae*
2. F.	*cuius*	*cuius*	*cuius*	*quorum*	*quarum*	*quorum*
3. F.	*cui*	*cui*	*cui*	*quibus*	*quibus*	*quibus*
4. F.	*quem*	*quam*	*quod*	*quos*	*quas*	*quae*
6. F.	*quo*	*qua*	*quo*	*quibus*	*quibus*	*quibus*

ALLE BEDEUTUNGEN VON *QUI, QUAE, QUOD*:

- **als adjektivisches Fragepronomen** (Bezugswort danach): **„welcher?", „welche?", „welches?"** – ***Qui*** *puer?* = Welcher Knabe?
- **als Relativpronomen** (Bezugswort meist davor): **„der, die, das"/„welcher, welche, welches"** (→ siehe Seite 148) – *Puer,* ***qui*** ... = Der Knabe, der ...
- **als relativer Anschluss** (Bezugswort im vorigen Satz): **„dieser", „diese", „dieses"** (→ siehe Seite 152) – *Videsne puerum?* ***Qui*** *amicus meus est.* = Siehst du den Knaben? Dieser (er) ist mein Freund.
- **als Indefinitpronomen*** (nach ***si, nisi, num, ne, ubi, cum*** oder nach einem **Relativpronomen**): **„irgendein(e)"** – *si* ***qui*** *puer* = wenn irgendein Knabe, *ne* ***qui*** *puer* = dass/damit (nicht irgendein =) kein Knabe

* Wird *qui, quae, quod* als Indefinitpronomen verwendet, lautet die weibliche Form nicht *quae*, sondern ***qua***: *si qua puella* = wenn irgendein Mädchen

Zusammensetzungen mit *qui, quae, quod*
quicumque, quaecumque, quodcumque = „jeder, der", „wer auch immer"
quidam, quaedam, quoddam = „ein (gewisser)" (Plural: „einige")
quivis, quaevis, quodvis = „jeder (beliebige)"
quilibet, quaelibet, quodlibet = „jeder (beliebige)"
aliqui, aliqua, aliquod = „irgendein"

54 Wähle die richtige Form aus und übersetze die Wortgruppe als Frage! Achte dabei auf das Geschlecht des Substantivs!

Exemplum: *oppidum (quem/quorum/quod)* ▸ *Quod oppidum? = Welche Stadt?*

1. *rerum (quorum/quarum/quem)* ....
2. *amici (cui/qui/quorum)* ....
3. *iter (quod/quem/qui)* ....
4. *in urbe (quo/qua/cui)* ....
5. *domus (qui/quos/cuius)* ....
6. *navi (cui/cuius/qui)* ....
7. *hominibus (quis/cuius/quibus)* ....
8. *res (qui/quas/quos)* ....
9. *genus (quod/qui/quem)* ....

55 Stimme *qui, quae, quod* mit den folgenden Substantiva überein (beachte dabei Fall, Zahl und Geschlecht des Nomen!):

1. *nomen*
2. *arma*
3. *imperatori*
4. *templa*
5. *militibus*
6. *in oppidis*
7. *res* (3 Möglichkeiten)
8. *viri* (2 Möglichkeiten)
9. *casus* (4 Möglichkeiten)
10. *reges* (2 Möglichkeiten)
11. *hominum*
12. *manu*
13. *die*
14. *mare*
15. *provinciae* (3 Möglichkeiten)
16. *deam*

Halte die folgenden Wörter gut auseinander:

quidam = „ein gewisser" (im Plural: „einige")
quidem = „zwar", „freilich"
ne ... quidem = „nicht einmal"
idem = „derselbe"

E KORRELATIVPRONOMINA (WECHSELBEZÜGLICHE FÜRWÖRTER)

fragend: *qu-*		antwortend: *t-*	
qualis, -e	wie (beschaffen)	***talis, -e***	so (beschaffen), solch
quantus 3	wie groß	***tantus 3***	so groß
quantum (Adv.)	wie sehr, wie viel	***tantum*** (Adv.)	so sehr, so viel
quot	wie viele	***tot***	so viele
quam	wie	***tam***	so

F ADJEKTIVA MIT PRONOMINALER DEKLINATION

Einige Adjektive haben im Genitiv und Dativ Sg. die für viele Pronomina typischen Endungen ***-ius*** (2. F. Sg. m./f./n.) und ***-i*** (3. F. Sg. m./f./n.), deklinieren aber sonst nach der a-/o-Deklination (sogenannte **„Pronominale Deklination"**):

	totus 3 = „ganz"		
	m.	f.	n.
Sg. 1. F.	***totus***	***tota***	***totum***
2. F.	***totíus***	***totíus***	***totíus***
3. F.	***toti***	***toti***	***toti***
4. F.	***totum***	***totam***	***totum***
6. F.	***toto***	***tota***	***toto***

(Plural wie *bonus 3*, vgl. Seite 24)

Zur Pronominalen Deklination gehören folgende Wörter:

solus 3 = „allein"
unus 3 = „ein", „einzig"
totus 3 = „ganz"
ullus 3 = „irgendein"
nullus 3 = „kein"
uter, utra, utrum = „wer von beiden"
uterque, utraque, utrumque = „jeder von beiden", „beide"
neuter, neutra, neutrum = „keiner von beiden"
alter, altera, alterum = „der andere" (von zweien)
alius, alia, aliud* = „der andere" (von mehreren)

(* Bei *alius* lautet der 2. F. Sg. *alteríus*, der 3. F. *alteri* oder *alii*.)

56 Stimme die in Klammer stehenden Pronominaladjektiva mit den Substantiva überein und übersetze:

1. *viro (ullus)*
2. *pueri (unus)*
3. *oppidum (alius)*
4. *homini (nullus)*
5. *tibi (solus)*
6. *fratrem (uterque)*
7. *legi (alter)*
8. *urbi (totus)*

57 Raster-Fahndung nach dem Faschingskrapfen!

Wenn du den „Pronomina-Raster" richtig ausfüllst, erfährst du, wie der Faschingskrapfen auf Lateinisch heißt!

„sie selbst" (1. F. Pl. m.)
„ein solches"
„welche" (4. F. Pl. f.)
„wem?"
„wen?"
„eine gewisse" (4. F. Sg. f.)
„so"
„so viel"

„welche" (4. F. Pl. m.)
„die ganze" (4. F.)
„so viele"
„diesen" (4. F. Sg. m.)
„welcher von beiden?"
„wir"
„welche" (4. F. Sg. f.)
„keinen"
„das andere"
„euch" (4. F.)

4. KAPITEL NUMERALIA (ZAHLWÖRTER)

		Cardinalia (Grundzahlen) Frage: „wie viele?“		**Ordinalia** (Ordnungszahlen) Frage: „der wievielte?“	
1	I	*unus, una, unum*	ein(s)	*primus 3*	der erste
2	II	*duo, duae, duo*	zwei	*secundus 3*	der zweite
3	III	*tres, tres, tria*	drei	*tertius 3*	der dritte
4	IV	*quattuor*	vier	*quartus 3*	der vierte
5	V	*quinque*	fünf	*quintus 3*	der fünfte
6	VI	*sex*	sechs	*sextus 3*	der sechste
7	VII	*septem*	sieben	*septimus 3*	der siebente
8	VIII	*octo*	acht	*octavus 3*	der achte
9	IX	*novem*	neun	*nonus 3*	der neunte
10	X	*decem*	zehn	*decimus 3*	der zehnte
11	XI	*undecim*		*undecimus 3*	
12	XII	*duodecim*		*duodecimus 3*	
13	XIII	*tredecim*		*tertius decimus 3*	
14	XIV	*quattuordecim*		*quartus decimus 3*	
15	XV	*quindecim*		*quintus decimus 3*	
16	XVI	*sedecim*		*sextus decimus 3*	
17	XVII	*septendecim*		*septimus decimus 3*	
18	XVIII	*duodeviginti*		*duodevicesimus 3*	
19	XIX	*undeviginti*		*undevicesimus 3*	
20	XX	*viginti*		*vicesimus 3*	
30	XXX	*triginta*		*tricesimus 3*	
40	XL	*quadraginta*		*quadragesimus 3*	
50	L	*quinquaginta*		*quinquagesimus 3*	
60	LX	*sexaginta*		*sexagesimus 3*	
70	LXX	*septuaginta*		*septuagesimus 3*	
80	LXXX	*octoginta*		*octogesimus 3*	
90	XC	*nonaginta*		*nonagesimus 3*	
100	C	*centum*		*centesimus 3*	
200	CC	*ducenti, -ae, -a*		*ducentesimus 3*	
500	D	*quingenti, -ae, -a*		*quingentesimus 3*	
1000	M	*mille*		*millesimus 3*	
2000	MM	*duo milia (-ium)*		*bis millesimus 3*	

- **Distributivzahlen**: ***singuli, -ae, -a*** („je einer“), *bini* („je zwei“), ***terni/trini*** („je drei“), ***quaterni, quini, seni, septeni, octoni, noveni, deni*** etc.
- **Zahladverbia**: ***semel*** („einmal“), ***bis*** („zweimal“), ***ter*** („dreimal“), ***quater*** („viermal“), ***quinquies, sexies, septies, octies, novies, decies*** etc.

Von den **Grundzahlen** deklinieren nur 1–3, 200–900 sowie der Pl. von 1000:

	„ein"			„zwei"			„drei"		
1. F.	*unus*	*una*	*unum*	*duo*	*duae*	*duo*	*tres*	*tres*	*tria*
2. F.	*unius*			*duorum*	*duarum*	*duorum*	*trium*		
3. F.	*uni*			*duobus*	*duabus*	*duobus*	*tribus*		
4. F.	*unum*	*unam*	*unum*	*duo(s)*	*duas*	*duo*	*tres*	*tres*	*tria*
6. F.	*uno*	*una*	*uno*	*duobus*	*duabus*	*duobus*	*tribus*		

Wie *duo, -ae, -o* dekliniert auch ***ambo, ambae, ambo*** („beide").

58

Stimme das Zahlwort in Klammer mit dem Nomen überein und übersetze:

1. *hominis (unus);* 2. *hominum (duo);* 3. *feminarum (duo);* 4. *viris (duo);* 5. *puellarum (tres);* 6. *verba (tres);* 7. *regi (unus);* 8. *puellas (decem);* 9. *pueros (decem).*

mille ist im **Singular** undeklinierbar und wird wie ein Adjektiv verwendet; im **Plural** wandelt es ab und verbindet sich wie ein Substantiv mit dem (Teilungs-)**Genitiv**:

mille *homines* = 1000 Menschen
aber: *duo* ***milia*** *homin**um*** = 2000 (der) Menschen

1. F.	***milia***
2. F.	***milium***
3. F.	***milibus***
4. F.	***milia***
6. F.	***milibus***

59

Die Formen von *mille/milia (-ium)* dürfen nicht mit jenen von *miles, militis* („Soldat") verwechselt werden. Ordne in die beiden Spalten ein:

1. *milia – militibus – militum – milites – milium – milibus*

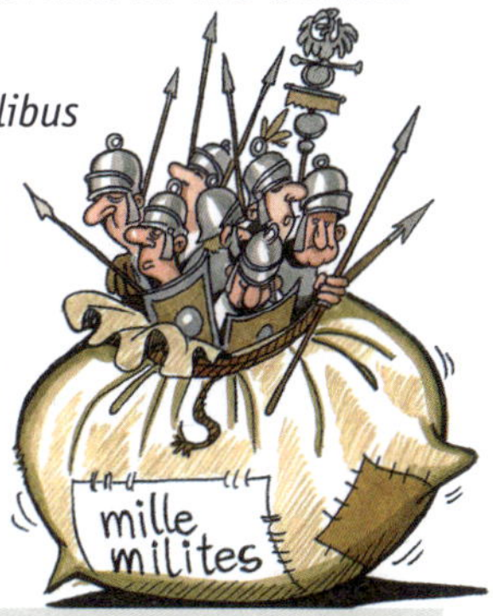

		„tausend"	„Soldaten"
Pl.	1./4. F.		
	2. F.		
	3./6. F.		

2. Übersetze: 2000 Soldaten – mit 1000 Soldaten

Die lateinischen Zahlwörter kannst du leicht an ihren Endungen erkennen, wenn du die Zahlen von 1 bis 10 beherrschst:

	Grundzahlen	Ordnungszahlen
Zehner	*-ginta* (oder *-ginti*)	*-cesimus 3* oder *-gesimus 3*
Hunderter	*-centi 3* oder *-genti 3*	*-centesimus 3* oder *-gentesimus 3*

GRAMMATIK-CHECKLISTE 2 PRONOMINA, NUMERALIA

Hier kannst du nochmals überprüfen, ob du beim Stoff der Seiten 36 bis 51 schon wirklich sattelfest bist!

1. „ich“, „du“, „er/sie/es“ (etc.) sind ....pronomina.
2. Der Akkusativ von *ego* lautet .... (deutsch: ....).
3. *tibi* bedeutet ....
4. *nos* kann Folgendes bedeuten: a) .... , b) ....
5. „mit mir“ heißt lateinisch ....
6. Die Übersetzung von *quis vestrum* lautet ....
7. „reflexiv“ bedeutet, dass sich das Pronomen auf das .... bezieht.
8. Ein Possessivpronomen ist ein .... Fürwort.
9. Das reflexive Possessivpronomen der 3. Person lautet ....
10. *eius* wird mit .... oder .... übersetzt und ist ein reflexives/nicht reflexives Possessivpronomen.
11. Was bedeutet *Meos amo*? ....
12. „dieser, -e, -es“ heißt lateinisch entweder .... oder ....
13. *ille, -a, -ud* bedeutet ....
14. *Semper idem* heißt ....
15. Die Form *eadem* kann folgende Fälle bezeichnen: ....
16. *te ipsum* bedeutet ....
17. *quis/quid* ist ein adjektivisches/substantivisches Fragepronomen.
18. Die Vorsilbe *ali-* bedeutet .... (zB *aliquis* = ...).

19. *quisque* heißt ....

20. Das lateinische Relativpronomen lautet ....

21. Das deutsche Relativpronomen lautet .... oder
....

22. *cui* ist entweder der Dativ von .... oder von
....

23. Steht *qui/quae/quod* nach einem Punkt, Frage- oder Rufzeichen, handelt es sich um einen relativen ...., der mit .... übersetzt wird.

24. *quem* kann der Akkusativ von .... sein (Übersetzung: ....) oder von .... (Übersetzung: ....).

25. Der Dativ Plural von *qui/quae/quod* lautet ....

26. *quidam, quaedam, quoddam* bedeutet ....

27. *talis – qualis* heißt ....

28. Die Merkmale der Pronominalen Deklination sind der Genitiv Sg. -......... und der Dativ Sg. -......... .

29. Zu den Adjektiva mit pronominaler Deklination gehören folgende Wörter:
....

30. Der Genitiv zu *tota terra* lautet .... (Übersetzung:
....).

31. *tot homines* heißt ....

32. Der 1. F. Sg. n. zu *alius* lautet ....

33. „zwei" heißt lateinisch ....

34. *tribus* ist der .... Fall von ....

35. „neun" heißt lateinisch *novum/novem/nonus*.

36. „hundert" heißt lateinisch ....

37. Der Plural von *mille* lautet .... (Genitiv: ....).

KONJUGATIONEN

5. KAPITEL | VERBFORMEN

A Bestimmte Verbformen (Verbum finitum)

Verba finita sind jene Verbformen, die durch ihre Endungen eine **bestimmte Person** bezeichnen. Diese Formen werden als **Satzprädikate** verwendet.

Person	**1. P., 2. P., 3. P.**
Zahl (Numerus)	**Singular** (Sg., Einzahl)
	Plural (Pl., Mehrzahl)
Zeit (Tempus)	**Präsens** (Gegenwart)
	Imperfekt (Präteritum, Mitvergangenheit)
	Perfekt (Vergangenheit)
	Plusquamperfekt (Vorvergangenheit)
	Futur (Futur 1, Zukunft)
	Futur Exakt (Futur 2, Vorzukunft)
Aussageweise (Modus)	**Indikativ** (Wirklichkeitsform)
	Konjunktiv (Möglichkeitsform)
	Imperativ (Befehlsform)
Zustandsform (Genus)	**Aktiv** (Tätigkeitsform)
	Passiv (Leideform)

B Unbestimmte Verbformen (Nominalformen, Verbum infinitum)

Unbestimmte Verbformen drücken durch ihre Endungen **keine bestimmte Person** aus. Diese Formen können **nicht als Prädikate** dienen (zum historischen Infinitiv siehe Seite 104).

Infinitiv (Nennform)	wie im Deutschen
Partizip (Mittelwort)	
Gerundiv	abweichend vom Deutschen
Gerundium	
Supinum	

6. KAPITEL | KONJUGATIONSKLASSEN

Insgesamt unterscheidet man im Lateinischen **fünf Konjugationen** (Konjugationsklassen), die nach dem Stammauslaut des Präsens benannt sind. Ihre **Stammformen** werden in der Regel folgendermaßen angegeben:

	PRÄSENSSTAMM		PERFEKTSTAMM	
	AKTIV + PASSIV		AKTIV	PASSIV
	1. + 2. P. Sg. Präs. aktiv	Infinitiv Präs. aktiv	1. P. Sg. Perf. aktiv	Part. Perfekt passiv (PPP)
a-Konjugation (1.) (Stammauslaut *-a*)	*amo*, -as*	*amáre*	*amavi*	*amatum*
e-Konjugation (2.) (Stammauslaut *-e*)	*moneo, -es*	*monére*	*monui*	*mónitum*
konsonantische K. (3.) (Auslaut ein **Konsonant**)	*duco, -is***	*dúcere*	*duxi*	*ductum*
Mischkonjugation (M.) (Stammauslaut kurzes *-i*)	*capio, -is*	*cápere****	*cepi*	*captum*
i-Konjugation (4.) (Stammauslaut langes *-ī*)	*audio, -is*	*audíre*	*audivi*	*audítum*

* entstanden aus *ama-o*
** das *-i-* bei *duc-i-s* (*ducit* etc.) ist ein sogenannter Bindevokal, der den Stamm mit der Endung verbindet
*** entstanden aus *cápire*

Die Stammformen zeigen die **drei Stämme** an, von denen im Lateinischen alle Zeiten gebildet werden:

- Der **PRÄSENSSTAMM** bildet: → Präsens A + P, Imperfekt A + P, Futur A + P } aktiv und passiv
  (► siehe Seite 56 ff.)
- Der **AKTIVE PERFEKTSTAMM** bildet: → Perfekt A, Plusquamperfekt A, Futur exakt A } aktiv
  (► siehe Seite 64 f. + 68)
- Der **PASSIVE PERFEKTSTAMM** bildet: → Perfekt P, Plusquamperfekt P, Futur Exakt P } passiv
  (► siehe Seite 66 ff.)

7. KAPITEL | PRÄSENSSTAMM AKTIV

Die **aktiven Personalendungen** sind im Präsensstamm (= Präsens, Futur, Imperfekt) für alle Konjugationen gleich:

AKTIVENDUNGEN PRÄSENSSTAMM					
Sg.	1. P.	*-o / -m**	**Pl.**	1. P.	***-mus***
	2. P.	***-s***		2. P.	***-tis***
	3. P.	***-t***		3. P.	***-nt***

* *-m* ist die Endung des Imperfekts, des Futurs bei der konsonantischen, Misch- und i-Konjugation sowie der Konjunktive Präsens und Imperfekt.

Zwischen Stamm und Endung können noch treten:

- ein **Tempuszeichen** (zB ***-ba-*** für das Imperfekt);
- fallweise ein **Bindevokal** (***-i-***, ***-u-*** oder ***-e-***: zB *duc-**i**-mus, duc-**u**-nt, duc-**e**-ris,* vgl. die Konjugationstabellen unten).

	a-Konj.	e-Konj.	kons. Konj.	Misch-Konj.	i-Konj.
	PRÄSENS Indikativ Aktiv				
	ich liebe	ich mahne	ich führe	ich fange	ich höre
1. Sg.	*am-**o*** (aus *ama-o*)	*mone-**o***	*duc-**o***	*capi-**o***	*audi-**o***
2.	*ama-**s***	*mone-**s***	*duc-i-**s***	*capi-**s***	*audi-**s***
3.	*ama-**t***	*mone-**t***	*duc-i-**t***	*capi-**t***	*audi-**t***
1. Pl.	*amá-**mus***	*moné-**mus***	*dúc-i-**mus***	*cápi-**mus***	*audí-**mus***
2.	*amá-**tis***	*moné-**tis***	*dúc-i-**tis***	*cápi-**tis***	*audí-**tis***
3.	*ama-**nt***	*mone-**nt***	*duc-u-**nt***	*capi-u-**nt***	*audi-u-**nt***
	IMPERFEKT Indikativ Aktiv: Tempuszeichen *-ba-*				
	ich liebte	ich mahnte	ich führte	ich fing	ich hörte
1. Sg.	*ama-**ba-m***	*mone-**ba-m***	*duc-e-**ba-m***	*capi-e-**ba-m***	*audi-e-**ba-m***
2.	*ama-**ba-s***	*mone-**ba-s***	*duc-e-**ba-s***	*capi-e-**ba-s***	*audi-e-**ba-s***
3.	*ama-**ba-t***	*mone-**ba-t***	*duc-e-**ba-t***	*capi-e-**ba-t***	*audi-e-**ba-t***
1. Pl.	*ama-**ba-mus***	*mone-**ba-mus***	*duc-e-**ba-mus***	*capi-e-**ba-mus***	*audi-e-**ba-mus***
2.	*ama-**ba-tis***	*mone-**ba-tis***	*duc-e-**ba-tis***	*capi-e-**ba-tis***	*audi-e-**ba-tis***
3.	*ama-**ba-nt***	*mone-**ba-nt***	*duc-e-**ba-nt***	*capi-e-**ba-nt***	*audi-e-**ba-nt***
	FUTUR Indikativ Aktiv: Tempuszeichen *-b-* bzw. *-a-/-e-*				
	ich werde lieben	ich werde mahnen	ich werde führen	ich werde fangen	ich werde hören
1. Sg.	*ama-**b-o***	*mone-**b-o***	*duc-**a-m***	*capi-**a-m***	*audi-**a-m***
2.	*ama-**b**-i-**s***	*mone-**b**-i-**s***	*duc-**e-s***	*capi-**e-s***	*audi-**e-s***
3.	*ama-**b**-i-**t***	*mone-**b**-i-**t***	*duc-**e-t***	*capi-**e-t***	*audi-**e-t***
1. Pl.	*amá-**b**-i-**mus***	*moné-**b**-i-**mus***	*duc-**é-mus***	*capi-**e-mus***	*audi-**e-mus***
2.	*amá-**b**-i-**tis***	*moné-**b**-i-**tis***	*duc-**e-tis***	*capi-**e-tis***	*audi-**e-tis***
3.	*ama-**b**-u-**nt***	*mone-**b**-u-**nt***	*duc-**e-nt***	*capi-**e-nt***	*audi-**e-nt***

60 Übersetze die folgenden Verbformen:

1. *mittunt*
2. *moves*
3. *faciam*
4. *scribebam*
5. *scribam*
6. *cedit*
7. *cedet*
8. *respondebamus*
9. *habebo*
10. *habeo*
11. *rogabunt*
12. *rogabant*
13. *videbas*
14. *videbis*
15. *agunt*
16. *agent*
17. *agebant*
18. *auditis*
19. *dicimus*
20. *veniebatis*
21. *habebitis*

61 Vertausche bei den folgenden Formen die Zahl! (Sg. → Pl., Pl. → Sg.)

1. *movent*
2. *amo*
3. *videtis*
4. *facis*
5. *dant*
6. *accipiebas*
7. *mittam*
8. *tolles*
9. *reddunt*
10. *capimus*
11. *audiunt*
12. *monebo*

Achtung, Verwechslungsgefahr!

Leicht verwechselt werden können das **Präsens der e-Konjugation** und das **Futur der konsonantischen Konjugation:**

- *habes* (von *habeo, -es, -ere* ► e-Konjug.) ► **Präsens**
- *ages* (von *ago, -is, -ere* ► konson. Konjug.) ► **Futur**

Um herauszufinden, welche der beiden Möglichkeiten die richtige ist, musst du also unbedingt wissen (oder im Lexikon nachschlagen), zu **welcher Konjugation** das Verbum gehört!

62 Ordne die folgenden Formen also den beiden Spalten zu:

scribent – vident – mittes – ducetis – respondet – manemus – tenes – dices

PRÄSENS	FUTUR
....	....
....	....
....	....
....	....

8. KAPITEL | PRÄSENSSTAMM PASSIV

Die **Personalendungen** sind auch im passiven Präsensstamm für alle Konjugationen gleich:

PASSIVENDUNGEN PRÄSENSSTAMM					
Sg.	1. P.	*-(o)r**	Pl.	1. P.	***-mur***
	2. P.	***-ris***		2. P.	***-mini***
	3. P.	***-tur***		3. P.	***-ntur***

* *-or* ist die Endung im Indikativ Präsens aller Konjugationen bzw. im Futur der a- und e-Konjugation (sonst immer *-r*).

	a-Konj.	e-Konj.	kons. Konj.	Misch-Konj.	i-Konj.
	PRÄSENS Indikativ Passiv				
	ich werde geliebt	ich werde gemahnt	ich werde geführt	ich werde gefangen	ich werde gehört
1. Sg.	*am-**or** (aus ama-o)*	*mone-**or***	*duc-**or***	*capi-**or***	*audi-**or***
2.	*ama-**ris***	*moné-**ris***	*dúc-**e-ris***	*cápe-**ris***	*audi-**ris***
3.	*ama-**tur***	*mone-**tur***	*duc-i-**tur***	*capi-**tur***	*audi-**tur***
1. Pl.	*amá-**mur***	*moné-**mur***	*dúc-i-**mur***	*cápi-**mur***	*audí-**mur***
2.	*ama-**mini***	*mone-**mini***	*duc-i-**mini***	*capi-**mini***	*audi-**mini***
3.	*ama-**ntur***	*mone-**ntur***	*duc-u-**ntur***	*capi-u-**ntur***	*audi-u-**ntur***
	IMPERFEKT Indikativ Passiv: Tempuszeichen *-ba-*				
	ich wurde geliebt	ich wurde gemahnt	ich wurde geführt	ich wurde gefangen	ich wurde gehört
1. Sg.	*ama-**ba-r***	*mone-**ba-r***	*duc-e-**ba-r***	*capi-e-**ba-r***	*audi-e-**ba-r***
2.	*ama-**ba-ris***	*mone-**ba-ris***	*duc-e-**ba-ris***	*capi-e-**ba-ris***	*audi-e-**ba-ris***
3.	*ama-**ba-tur***	*mone-**ba-tur***	*duc-e-**ba-tur***	*capi-e-**ba-tur***	*audi-e-**ba-tur***
1. Pl.	*ama-**ba-mur***	*mone-**ba-mur***	*duc-e-**ba-mur***	*capi-e-**ba-mur***	*audi-e-**ba-mur***
2.	*ama-**ba-mini***	*mone-**ba-mini***	*duc-e-**ba-mini***	*capi-e-**ba-mini***	*audi-e-**ba-mini***
3.	*ama-**ba-ntur***	*mone-**ba-ntur***	*duc-e-**ba-ntur***	*capi-e-**ba-ntur***	*audi-e-**ba-ntur***
	FUTUR Indikativ Passiv: Tempuszeichen *-b-* bzw. *-a-/-e-*				
	ich werde geliebt werden	ich werde gemahnt werden	ich werde geführt werden	ich werde gefangen werden	ich werde gehört werden
1. Sg.	*amá-**b-or***	*moné-**b-or***	*duc-**a-r***	*capi-**a-r***	*audi-**a-r***
2.	*amá-**b**-e-**ris****	*moné-**b**-e-**ris****	*duc-**é-ris***	*capi-**é-ris***	*audi-**é-ris***
3.	*amá-**b**-i-**tur***	*moné-**b**-i-**tur***	*duc-**é-tur***	*capi-**é-tur***	*audi-**é-tur***
1. Pl.	*amá-**b**-i-**mur***	*moné-**b**-i-**mur***	*duc-**é-mur***	*capi-**é-mur***	*audi-**é-mur***
2.	*ama-**b**-í-**mini***	*mone-**b**-í-**mini***	*duc-**é-mini***	*capi-**é-mini***	*audi-**é-mini***
3.	*ama-**b**-ú-**ntur***	*mone-**b**-ú-**ntur***	*duc-**é-ntur***	*capi-**é-ntur***	*audi-**é-ntur***

* Das *-e-*, *-i-* und *-u-* bei Formen wie *amaberis, amabitur, amabuntur* ist ein Bindevokal (vgl. das Präsens der konsonantischen Konjugation, Seite 56).

63 Verwandle die folgenden Aktivformen in Passivformen:

1. *vincunt*
2. *dabit*
3. *audiebat*
4. *videbit*
5. *doces*
6. *timemus*
7. *video*
8. *quaeremus*
9. *ducis*
10. *capitis*
11. *tenebunt*
12. *mittetis*
13. *movebat*
14. *prohibebunt*
15. *dabat*

64 Übersetze:

1. *vincebatur*
2. *dabitur*
3. *agitur*
4. *agetur*
5. *docemini*
6. *timemini*
7. *quaeretur*
8. *capietur*
9. *interficitur*
10. *rogaris*
11. *visitaris*
12. *videbar*

Ist kein Subjekt genannt, kann eine 3. P. Sg. Passiv auch mit **„man"** übersetzt werden (sogenanntes **unpersönliches Passiv**, vgl. Seiten 98 und 102):

venitur = (es wird gekommen =) **man** kommt

65 Übersetze:

1. *vivitur*
2. *sperabatur*
3. *vivebatur*
4. *narrabitur*
5. *creditur*
6. *pugnabitur*

Verwechslungsgefahr:

Bei der konsonantischen Konjugation sind die 2. P. Sg. Passiv Präsens und die 2. P. Sg. Passiv Futur formal gleich; sie unterscheiden sich nur durch die Betonung: *dúceris* (Präsens Passiv, kurzes e) ◂▸ *ducéris* (Futur Passiv, langes e)

66 **Welche Form passt nicht in die Reihe?** (Vgl. dazu Seite 57!)

iubetur – respondetur – dicetur – videtur

67 Ergänze die fehlenden Formen in der jeweils gleichen Person:

PRÄSENS	FUTUR	IMPERFEKT
	tenebuntur	
rogatur		
		ducebaris

9. KAPITEL IMPERATIVE (BEFEHLSFORMEN)

	a-Konj.	e-Konj.	kons. Konj.	Misch-Konj.	i-Konj.
	IMPERATIV 1				
	Sg.: reiner Stamm				
2. P.	*ama!*	*mone!*	*leg-**e**!**	*cap**e**!**	*audi!*
Sg.	liebe!	mahne!	lies!	fang!	höre!
	Pl.: Stamm + *-te*				
2. P.	*amá-**te**!*	*moné-**te**!*	*lég-i-**te**!*	*cápi-**te**!*	*audí-**te**!*
Pl.	liebt!	mahnt!	lest!	fangt!	hört!

* Ausnahmen: *dic* („sag!"), *duc* („führ!"), *fac* („mach!"), *fer* („trag!").

	a-Konj.	e-Konj.	kons. Konj.	Misch-Konj.	i-Konj.
	IMPERATIV 2**				
	Sg.: Stamm + *-to*				
2. P.	*amá-**to**!*	*moné-**to**!*	*lég-i-**to**!*	*cápi-**to**!*	*audí-**to**!*
3. P.	*amá-**to**!*	*moné-**to**!*	*lég-i-**to**!*	*cápi-**to**!*	*audí-**to**!*
	Pl.: Stamm + *-tote* bzw. *-nto*				
2. P.	*ama-**tote**!*	*mone-**tote**!*	*leg-i-**tote**!*	*capi-**tote**!*	*audi-**tote**!*
3. P.	*ama-**nto**!*	*mone-**nto**!*	*leg-u-**nto**!*	*capi-u-**nto**!*	*audi-u-**nto**!*

** Der Imperativ 2 kommt äußerst selten vor. Er wird folgendermaßen übersetzt:

- Sg. 2. P. **„du sollst …"**, 3. P. **„er/sie soll …"**
- Pl. 2. P. **„ihr sollt …"**, 3. P. **„sie sollen …"**

> **!** Von *scire* gibt es nur den Imperativ 2:
>
> Sg. ***scito*** = „du sollst wissen", „wisse!"
> Pl. ***scitote*** = „ihr sollt wissen", „wiss(e)t!"

68 Übersetze die folgenden Formen:

1. *accipe*
2. *audite*
3. *credite*
4. *da*
5. *fac*
6. *mitte*
7. *dic*
8. *relinquite*
9. *veniunto*
10. *scito*
11. *habeto*
12. *creditote*

69 Bilde den Imperativ Sg. und Pl.:

capio Sg.: .... Pl.: ....

quaero Sg.: .... Pl.: ....

rogo Sg.: .... Pl.: ....

video Sg.: .... Pl.: ....

Die Endung *-i* ist nicht nur die des Imperativs Sg. der i-Konjugation, sondern kann (leider!) auch andere Bedeutungen haben:

-i

- Imperativ Sg. der i-Konjugation (zB *audi!*, vgl. Seite 60)
- Infinitiv Präsens passiv der konsonant. und Mischkonjug. (zB *duci*, vgl. Seite 70)
- 1. P. Sg. Perfekt aktiv (zB *duxi*, vgl. Seite 64)

70 Ordne die folgenden Formen in die drei Spalten! (Eine von ihnen ist übrigens mehrdeutig – welche?)

senti – veni – imperavi – videri – duci – habui – agi – egi – dormi – dari – age

Perfekt 1. P. Sg. aktiv	Inf. Präsens passiv	Imperativ Sg.

10. KAPITEL | KONJUNKTIVE IM PRÄSENSSTAMM

Zur Übersetzung der Konjunktive siehe Seite 138 f.

	a-Konj.	e-Konj.	kons. Konj.	Misch-Konj.	i-Konj.
	Konjunktiv PRÄSENS: Merkmal *-a-* (bzw. *-e-* bei der a-Konjug.)				
	Aktiv				
1. Sg.	*am-**e-m***	*mone-**a-m***	*duc-**a-m***	*capi-**a-m***	*audi-**a-m***
2.	*am-**e-s***	*mone-**a-s***	*duc-**a-s***	*capi-**a-s***	*audi-**a-s***
3.	*am-**e-t***	*mone-**a-t***	*duc-**a-t***	*capi-**a-t***	*audi-**a-t***
1. Pl.	*am-**e-mus***	*mone-**a-mus***	*duc-**a-mus***	*capi-**a-mus***	*audi-**a-mus***
2.	*am-**e-tis***	*mone-**a-tis***	*duc-**a-tis***	*capi-**a-tis***	*audi-**a-tis***
3.	*am-**e-nt***	*mone-**a-nt***	*duc-**a-nt***	*capi-**a-nt***	*audi-**a-nt***
	Passiv				
1. Sg.	*am-**e-r***	*mone-**a-r***	*duc-**a-r***	*capi-**a-r***	*audi-**a-r***
2.	*am-**e-ris***	*mone-**a-ris***	*duc-**a-ris***	*capi-**a-ris***	*audi-**a-ris***
3.	*am-**e-tur***	*mone-**a-tur***	*duc-**a-tur***	*capi-**a-tur***	*audi-**a-tur***
1. Pl.	*am-**e-mur***	*mone-**a-mur***	*duc-**a-mur***	*capi-**a-mur***	*audi-**a-mur***
2.	*am-**e-mini***	*mone-**a-mini***	*duc-**a-mini***	*capi-**a-mini***	*audi-**a-mini***
3.	*am-**e-ntur***	*mone-**a-ntur***	*duc-**a-ntur***	*capi-**a-ntur***	*audi-**a-ntur***
	Konjunktiv IMPERFEKT: Merkmal *-re-*				
	Aktiv				
1. Sg.	*ama-**re-m***	*moné-**re-m***	*dúc-e-**re-m***	*cápe-**re-m***	*audi-**re-m***
2.	*ama-**re-s***	*mone-**re-s***	*duc-e-**re-s***	*cape-**re-s***	*audi-**re-s***
3.	*ama-**re-t***	*mone-**re-t***	*duc-e-**re-t***	*cape-**re-t***	*audi-**re-t***
1. Pl.	*ama-**re-mus***	*mone-**re-mus***	*duc-e-**re-mus***	*cape-**re-mus***	*audi-**re-mus***
2.	*ama-**re-tis***	*mone-**re-tis***	*duc-e-**re-tis***	*cápe-**re-tis***	*audi-**re-tis***
3.	*ama-**re-nt***	*mone-**re-nt***	*duc-e-**re-nt***	*cape-**re-nt***	*audi-**re-nt***
	Passiv				
1. Sg.	*amá-**re-r***	*moné-**re-r***	*dúc-e-**re-r***	*cápe-**re-r***	*audí-**re-r***
2.	*ama-**re-ris***	*mone-**re-ris***	*duc-e-**re-ris***	*cape-**re-ris***	*audi-**re-ris***
3.	*ama-**re-tur***	*mone-**re-tur***	*duc-e-**re-tur***	*cape-**re-tur***	*audi-**re-tur***
1. Pl.	*ama-**re-mur***	*mone-**re-mur***	*duc-e-**re-mur***	*cape-**re-mur***	*audi-**re-mur***
2.	*ama-**re-mini***	*mone-**re-mini***	*duc-e-**re-mini***	*cape-**re-mini***	*audi-**re-mini***
3.	*ama-**re-ntur***	*mone-**re-ntur***	*duc-e-**re-ntur***	*cape-**re-ntur***	*audi-**re-ntur***

In allen Formen des Konj. Imperfekts (auch in den passiven!) ist der **aktive Infinitiv Präsens** enthalten:

***amare**m, **monere**tur, **ducere**t, **capere**mus, **audire**nt* (etc.)

71 Bilde Konj. Präsens und Imperfekt in der jeweils gleichen Person und Zahl:

1. *habes* Konj. Präs.: .... Konj. Impf.: ....
2. *venit* Konj. Präs.: .... Konj. Impf.: ....
3. *dant* Konj. Präs.: .... Konj. Impf.: ....
4. *vinco* Konj. Präs.: .... Konj. Impf.: ....
5. *facimus* Konj. Präs.: .... Konj. Impf.: ....

NOTA BENE

Verwechslungsgefahr 1: *-a-* ist nicht gleich *-a-*!

Der **Konjunktiv Präsens** der konsonantischen Konjugation sieht aus wie der **Indikativ Präsens** der a-Konjugation:

-as, -at, ...
- ↗ Konj. Präsens kons. Konj. (zB *ducas, ducat, ...*)
- ↘ Indik. Präsens a-Konj. (zB *amas, amat, ...*)

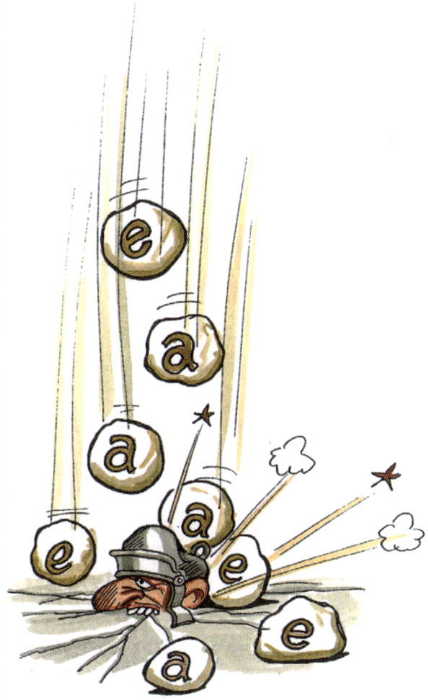

NOTA BENE

Verwechslungsgefahr 2: *-e-* ist nicht gleich *-e-*!

Das **Futur** der konsonantischen Konjugation sieht (mit Ausnahme der 1. P. Sg.) wie der **Konjunktiv Präsens** der a-Konjugation aus:

-es, -et, ...
- ↗ Konj. Präsens a-Konjug. (zB *ames, amet, ...*)
- ↘ Futur konsonantische Konjug. (zB *duces, ducet, ...*)

72 Bestimme die Konjugation (notfalls mit Hilfe des Lexikons) und die Form:

Exemplum: *putant* ▶ *a-Konjugation* ▶ *Indikativ Präsens („sie glauben")*

1. *paratis:* ....
2. *rogas:* ....
3. *ducamus:* ....
4. *vivat:* ....
5. *narret:* ....
6. *petes:* ....
7. *dicetis:* ....
8. *detis:* ....

11. KAPITEL | PERFEKTSTAMM AKTIV

Der PERFEKTSTAMM wird je nach Konjugation unterschiedlich gebildet:

	Präsensstamm (► S. 56)	aktiver Perfektstamm
a-Konjugation	*amo, -as, -are*	meist ***-av-*** *(amav-)*
e-Konjugation	*moneo, -es, -ere*	meist ***-u-*** *(monu-)*
konsonantische Konj.	*duco, -is, -ere*	verschieden (zB *dux-*)
Mischkonjugation	*capio, -is, -ere*	verschieden (zB *cep-*)
i-Konjugation	*audio, -is, -ire*	meist ***-iv-*** *(audiv-)*

Die ENDUNGEN sind für alle Konjugationen gleich:

	a-Konj.	e-Konj.	kons. Konj.	Misch-Konj.	i-Konj.
	PERFEKT Indikativ Aktiv: *-i, -isti, -it; -imus, -istis, -erunt*				
	ich habe geliebt*	ich habe gemahnt*	ich habe geführt*	ich habe gefangen*	ich habe gehört*
1. Sg.	*amav-**i***	*monu-**i***	*dux-**i***	*cep-**i***	*audiv-**i***
2.	*amav-**isti***	*monu-**isti***	*dux-**isti***	*cep-**isti***	*audiv-**isti***
3.	*amav-**it***	*monu-**it***	*dux-**it***	*cep-**it***	*audiv-**it***
1. Pl.	*amav-**imus***	*monu-**imus***	*dux-**imus***	*cep-**imus***	*audiv-**imus***
2.	*amav-**istis***	*monu-**istis***	*dux-**istis***	*cep-**istis***	*audiv-**istis***
3.	*amav-**érunt***	*monu-**érunt***	*dux-**érunt***	*cep-**érunt***	*audiv-**érunt***
	PLUSQUAMPERFEKT Indikativ Aktiv: *-eram, -eras ... -erant*				
	ich hatte geliebt	ich hatte gemahnt	ich hatte geführt	ich hatte gefangen	ich hatte gehört
1. Sg.	*amav-**eram***	*monu-**eram***	*dux-**eram***	*cep-**eram***	*audiv-**eram***
2.	*amav-**eras***	*monu-**eras***	*dux-**eras***	*cep-**eras***	*audiv-**eras***
3.	*amav-**erat***	*monu-**erat***	*dux-**erat***	*cep-**erat***	*audiv-**erat***
1. Pl.	*amav-**eramus***	*monu-**eramus***	*dux-**eramus***	*cep-**eramus***	*audiv-**eramus***
2.	*amav-**eratis***	*monu-**eratis***	*dux-**eratis***	*cep-**eratis***	*audiv-**eratis***
3.	*amáv-**erant***	*monú-**erant***	*dúx-**erant***	*cép-**erant***	*audív-**erant***
	FUTURUM EXAKTUM Aktiv: *-ero, -eris ... -erint*				
	(zur Übersetzung des Futurum Exaktum siehe Seite 104)				
1. Sg.	*amav-**ero***	*monu-**ero***	*dux-**ero***	*cep-**ero***	*audiv-**ero***
2.	*amav-**eris***	*monu-**eris***	*dux-**eris***	*cep-**eris***	*audiv-**eris***
3.	*amav-**erit***	*monu-**erit***	*dux-**erit***	*cep-**erit***	*audiv-**erit***
1. Pl.	*amav-**erimus***	*monu-**erimus***	*dux-**erimus***	*cep-**erimus***	*audiv-**erimus***
2.	*amav-**eritis***	*monu-**eritis***	*dux-**eritis***	*cep-**eritis***	*audiv-**eritis***
3.	*amáv-**erint***	*monú-**erint***	*dúx-**erint***	*cép-**erint***	*audív-**erint***

* Das Perfekt wird in Erzählungen oft als Präteritum wiedergegeben (vgl. Seite 106):
amavi = ich habe geliebt/ich liebte

73 Übersetze:

1. *egistis*
2. *dederunt*
3. *posuerant*
4. *cognovi*
5. *cesserat*
6. *accepimus*
7. *dixero*
8. *credideratis*
9. *putavimus*
10. *feceras*
11. *feceritis*
12. *intellexi*
13. *quaesiveram*
14. *vicit*
15. *narraveratis*

Verwechslungsgefahr: 3. P. Pl. Perfekt ◂▸ 3. P. Pl. Plqpf.:

- *dix**érunt*** = sie **haben** gesagt
- *díx**erant*** = sie **hatten** gesagt

74 Ergänze die fehlenden Zeiten in der gleichen Zeile in der jeweils gleichen Person:

PERFEKT AKTIV	PLQPF. AKTIV	FUTUR EXAKT
egi		
	habueras	
		dederit
vicimus		
	reliquerant	

75 Ordne die folgenden Formen den Zeiten zu:

scripsimus – gesserimus – venit – rogaveras – vidimus – tenuerit – timuerat – putaveris – petiverint – miserant – moverunt – dedisti – egeram

- Perfekt: ....
- Plqpf.: ....
- Futur Exakt: ....

76 Welche Übersetzung stimmt? (Achtung: bei einer der Aufgaben sind beide Lösungen richtig!)

1. *dicit:* a) er sagt, b) er sagte
2. *duxit*: a) sie führt, b) sie führte
3. *dedit*: a) sie gab, b) er gibt
4. *cepit*: a) er fing, b) er hat gefangen

12. KAPITEL PERFEKTSTAMM PASSIV

Bildung des passiven Perfektstammes (= Partizip Perfekt Passiv, PPP):

	Präsensstamm (► S. 56)	Perfektstamm aktiv (► S. 64)	Perfektstamm passiv (= PPP)
a-Konjugation	*amo, -as, -are*	*amav-i*	meist ***-atus 3**** (*amátus 3*)
e-Konjugation	*moneo, -es, -ere*	*monu-i*	meist ***-itus 3**** (*mónitus 3*)
konsonant. Konj.	*duco, -is, -ere*	*dux-i*	unregelm. (zB *ductus 3*)
Mischkonj.	*capio, -is, -ere*	*cep-i*	unregelm. (zB *captus 3*)
i-Konjugation	*audio, -is, -ire*	*audiv-i*	meist ***-ítus 3**** (*audítus 3*)

* Das PPP passt sich wie ein Adjektiv an Geschlecht und Zahl des Subjekts an:

*Iulius amat**us** est.* *Iulia amat**a** est.* *Iulius et Marcus amat**i** sunt.* (etc.)

	a-Konj.	e-Konj.	kons. Konj.	Misch-Konj.	i-Konj.
	PERFEKT Passiv: PPP + *sum, es, est; sumus, estis, sunt*				
	ich bin geliebt worden	ich bin gemahnt worden	ich bin geführt worden	ich bin gefangen worden	ich bin gehört worden
1. Sg.	*amatus **sum***	*monitus **sum***	*ductus **sum***	*captus **sum***	*auditus **sum***
2.	*amatus **es***	*monitus **es***	*ductus **es***	*captus **es***	*auditus **es***
3.	*amatus **est***	*monitus **est***	*ductus **est***	*captus **est***	*auditus **est***
1. Pl.	*amati **sumus***	*moniti **sumus***	*ducti **sumus***	*capti **sumus***	*auditi **sumus***
2.	*amati **estis***	*moniti **estis***	*ducti **estis***	*capti **estis***	*auditi **estis***
3.	*amati **sunt***	*moniti **sunt***	*ducti **sunt***	*capti **sunt***	*auditi **sunt***
	PLUSQUAMPERFEKT Passiv: PPP + *eram, eras ... erant*				
	ich war geliebt worden	ich war gemahnt worden	ich war geführt worden	ich war gefangen worden	ich war gehört worden
1. Sg.	*amatus **eram***	*monitus **eram***	*ductus **eram***	*captus **eram***	*auditus **eram***
2.	*amatus **eras***	*monitus **eras***	*ductus **eras***	*captus **eras***	*auditus **eras***
3.	*amatus **erat***	*monitus **erat***	*ductus **erat***	*captus **erat***	*auditus **erat***
1. Pl.	*amati **eramus***	*moniti **eramus***	*ducti **eramus***	*capti **eramus***	*auditi **eramus***
2.	*amati **eratis***	*moniti **eratis***	*ducti **eratis***	*capti **eratis***	*auditi **eratis***
3.	*amati **erant***	*moniti **erant***	*ducti **erant***	*capti **erant***	*auditi **erant***
	FUTURUM EXAKTUM Passiv: PPP + *ero, eris ... erunt*				
	(zur Übersetzung des Futurum Exaktum siehe Seite 104)				
1. Sg.	*amatus **ero***	*monitus **ero***	*ductus **ero***	*captus **ero***	*auditus **ero***
2.	*amatus **eris***	*monitus **eris***	*ductus **eris***	*captus **eris***	*auditus **eris***
3.	*amatus **erit***	*monitus **erit***	*ductus **erit***	*captus **erit***	*auditus **erit***
1. Pl.	*amati **erimus***	*moniti **erimus***	*ducti **erimus***	*capti **erimus***	*auditi **erimus***
2.	*amati **eritis***	*moniti **eritis***	*ducti **eritis***	*capti **eritis***	*auditi **eritis***
3.	*amati **erunt***	*moniti **erunt***	*ducti **erunt***	*capti **erunt***	*auditi **erunt***

!

Aus der Endung des PPP kannst du erkennen, welche Zahl und welches Geschlecht das Subjekt hat:

laudatus est = **er** ist gelobt worden

laudata est = **sie** ist gelobt worden

laudati sunt = **sie** sind gelobt worden

laudatae sunt = **sie** sind gelobt worden

laudatum est = **es** ist gelobt worden (= man hat gelobt)

77 Übersetze:

1. *datum est*
2. *interfecti erant*
3. *cognitum erat*
4. *ducti estis*
5. *accepti sumus*
6. *missa erat*
7. *scriptum est*
8. *rogatae sumus*
9. *putatum erat*
10. *visus sum*
11. *ductae sunt*
12. *responsum est*

78 Verwandle die aktive in die entsprechende passive Form und übersetze sie:

duxerunt ► PASSIV: *ducti/-ae sunt = sie sind geführt worden*

accepimus ► .... = ...

ceperat ► .... = ...

videris ► .... = ...

vicero ► .... = ...

miserant ► .... = ...

coegistis ► .... = ...

79 Bilde zu den folgenden Perfektstamm-Formen die entsprechende Form des Präsensstammes (Perfekt → Präsens, Plqpf. → Imperfekt, Futur Exakt → Futur). Beachte dabei besonders, dass der Präsensstamm oft völlig anders als der Perfektstamm gebildet ist (vgl. S. 55)!

Exemplum: *egeram (Plqpf.)* ► *agebam (Imperfekt)*

1. *vocaverunt*
2. *constituerant*
3. *victi erunt*
4. *captus est*
5. *dictum erat*
6. *dixerit*
7. *veni*
8. *quaesivisti*
9. *visi sunt*
10. *datum est*
11. *superavit*
12. *acceperam*

13. KAPITEL KONJUNKTIVE IM PERFEKTSTAMM

Zur Übersetzung und Verwendung der Konjunktive siehe S. 138 ff.

	a-Konj.	e-Konj.	kons. Konj.	Misch-Konj.	i-Konj.
	Konjunktiv PERFEKT				
	Aktiv: ***-erim, -eris ... -erint****				
1. Sg.	*amav-**erim***	*monu-**erim***	*dux-**erim***	*cep-**erim***	*audiv-**erim***
2.	*amav-**eris***	*monu-**eris***	*dux-**eris***	*cep-**eris***	*audiv-**eris***
3.	*amav-**erit***	*monu-**erit***	*dux-**erit***	*cep-**erit***	*audiv-**erit***
1. Pl.	*amav-**erimus***	*monu-**erimus***	*dux-**erimus***	*cep-**erimus***	*audiv-**erimus***
2.	*amav-**eritis***	*monu-**eritis***	*dux-**eritis***	*cep-**eritis***	*audiv-**eritis***
3.	*amav-**erint***	*monu-**erint***	*dux-**erint***	*cep-**erint***	*audiv-**erint***
	Passiv: PPP +** ***sim, sis ... sint***				
1. Sg.	*amatus **sim***	*monitus **sim***	*ductus **sim***	*captus **sim***	*auditus **sim***
2.	*amatus **sis***	*monitus **sis***	*ductus **sis***	*captus **sis***	*auditus **sis***
3.	*amatus **sit***	*monitus **sit***	*ductus **sit***	*captus **sit***	*auditus **sit***
1. Pl.	*amati **simus***	*moniti **simus***	*ducti **simus***	*capti **simus***	*auditi **simus***
2.	*amati **sitis***	*moniti **sitis***	*ducti **sitis***	*capti **sitis***	*auditi **sitis***
3.	*amati **sint***	*moniti **sint***	*ducti **sint***	*capti **sint***	*auditi **sint***
	Konjunktiv PLUSQUAMPERFEKT				
	Aktiv: ***-issem, -isses ... -issent***				
1. Sg.	*amav-**issem***	*monu-**issem***	*dux-**issem***	*cep-**issem***	*audiv-**issem***
2.	*amav-**isses***	*monu-**isses***	*dux-**isses***	*cep-**isses***	*audiv-**isses***
3.	*amav-**isset***	*monu-**isset***	*dux-**isset***	*cep-**isset***	*audiv-**isset***
1. Pl.	*amav-**issemus***	*monu-**issemus***	*dux-**issemus***	*cep-**issemus***	*audiv-**issemus***
2.	*amav-**issetis***	*monu-**issetis***	*dux-**issetis***	*cep-**issetis***	*audiv-**issetis***
3.	*amav-**issent***	*monu-**issent***	*dux-**issent***	*cep-**issent***	*audiv-**issent***
	Passiv: PPP +** ***essem, esses ... essent***				
1. Sg.	*amatus **essem***	*monitus **essem***	*ductus **essem***	*captus **essem***	*auditus **essem***
2.	*amatus **esses***	*monitus **esses***	*ductus **esses***	*captus **esses***	*auditus **esses***
3.	*amatus **esset***	*monitus **esset***	*ductus **esset***	*captus **esset***	*auditus **esset***
1. Pl.	*amati **essemus***	*moniti **essemus***	*ducti **essemus***	*capti **essemus***	*auditi **essemus***
2.	*amati **essetis***	*moniti **essetis***	*ducti **essetis***	*capti **essetis***	*auditi **essetis***
3.	*amati **essent***	*moniti **essent***	*ducti **essent***	*capti **essent***	*auditi **essent***

* Die Endungen des aktiven **Konj. Perfekt** sind mit Ausnahme der 1. P. Sg. identisch mit jenen des **Futur Exakt**:

- Konj. Perf.: *amav**erim**, amaveris, amaverit ... amaverint.*
- Futur Exakt: *amav**ero**, amaveris, amaverit ... amaverint.*

** Die Endung des PPP passt sich an das Subjekt an (siehe Seite 67). In dieser Tabelle sind alle Partizipia in der maskulinen Form angeführt.

80 Bilde zu den folgenden Indikativformen die entsprechende Konjunktivform:

Exemplum: *invitaveram (Ind. Plqpf.)* ▸ *invitavissem (Konj. Plqpf.)*

1. *dixeras*
2. *quaesivi*
3. *egerunt*
4. *vicerat*
5. *rogavimus*
6. *cepistis*
7. *scriptum est*
8. *datum erat*
9. *ducti sunt*
10. *rogati sumus*
11. *accepi*
12. *missa est*
13. *imperatum erat*
14. *petivisti*
15. *vidit*

81 Bringe Ordnung in das folgende „Konjunktivkonglomerat“:

quaesiti sint – doceamur – intellexeris – dubitet – vocati essetis – cognovissent – fugeretis – pugnavisset – scires – maneat – moneremini – timear – viceri t – moverint – inventum esset – daretur

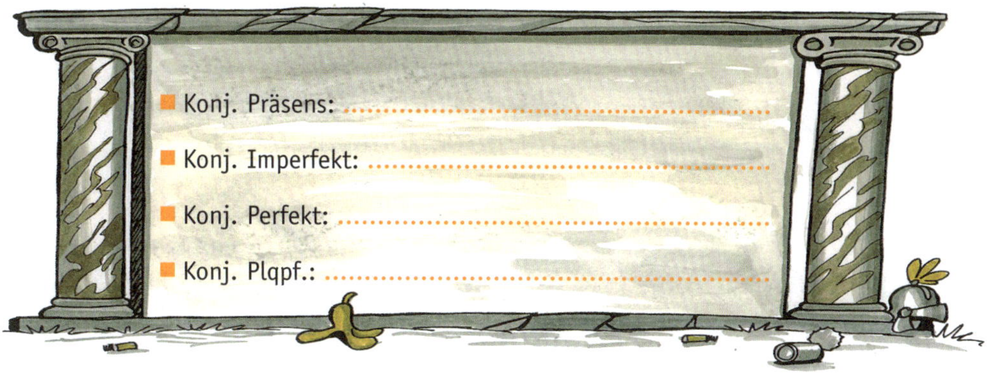

82 Ergänze die jeweils fehlenden Konjunktivformen in der angeführten Person (zur Bildung von Konjunktiv Präsens und Imperfekt siehe Seite 62):

Konj. Präsens	Konj. Imperfekt	Konj. Perfekt	Konj. Plqpf.
agas	*ageres*	*egeris*	*egisses*
faciant			
	haberemus		
			dixisset
	daretur		
		invitata sis	
accipiamur			

14. KAPITEL	NOMINALFORMEN

A INFINITIVE (NENNFORMEN)

Zur Verwendung der Infinitive im ACI und NCI siehe Seite 112 ff. und 116.

a-Konj.	e-Konj.	kons. Konj.	Misch-Konj.	i-Konj.
Infinitiv PRÄSENS				
aktiv: Merkmal *-re*				
zu lieben	zu mahnen	zu führen	zu fangen	zu hören
*ama-**re***	*moné-**re***	*dúc-e-**re***	*cápe-**re***	*audi-**re***
passiv: Merkmal *-ri bzw. -i*				
geliebt zu werden	ermahnt zu werden	geführt zu werden	gefangen zu werden	gehört zu werden
*ama-**ri***	*moné-**ri***	*duc-**i***	*cap-**i***	*audí-**ri***
Infinitiv PERFEKT				
aktiv: Merkmal *-isse*				
geliebt zu haben	ermahnt zu haben	geführt zu haben	gefangen zu haben	gehört zu haben
*amav-**isse***	*monu-**isse***	*dux-**isse***	*cep-**isse***	*audiv-**isse***
passiv: PPP + *esse**				
geliebt worden zu sein	ermahnt worden zu sein	geführt worden zu sein	gefangen worden zu sein	gehört worden zu sein
*ama-**tum** 3 **esse***	*moni-**tum** 3 **esse***	*duc-**tum** 3 **esse***	*cap-**tum** 3 **esse***	*audi-**tum** 3 **esse***
Infinitiv FUTUR				
aktiv: Merkmal *-urum esse**				
(Zur Verwendung und Übersetzung siehe Seite 114 f.)				
*amat-**urum*** 3 ***esse***	*monit-**urum*** 3 ***esse***	*duct-**urum*** 3 ***esse***	*capt-**urum*** 3 ***esse***	*audit-**urum*** 3 ***esse***
passiv: Merkmal *-um iri***				
*ama-**tum iri***	*moni-**tum iri***	*duc-**tum iri***	*cap-**tum iri***	*audi-**tum iri***

* Da der passive Perfekt- und der aktive Futurinfinitiv fast ausschließlich im ACI vorkommen (siehe Seite 114), wird das Partizip jeweils im Akkusativ angeführt (*amaturum* statt *amaturus*). Die Form *esse* kann mitunter auch fehlen.

** Bei den Formen *amatum*, *monitum* etc. handelt es sich nicht um das PPP, sondern um das (nicht deklinierbare) Supinum auf *-um* (vgl. Seite 132).

83 Ordne die Infinitive den richtigen Spalten zu und gib jeweils an, ob sie aktiv (A) oder passiv (P) sind!

accipi – constituisse – dictos esse – dedisse – dari – paraturas esse – prohibituram esse – capere – imperatum esse – imperaturum esse – dicturos esse – interfici

Infinitiv Präsens	Infinitiv Perfekt	Infinitiv Futur

84 Ordne die folgenden Infinitive den Übersetzungen zu!

videri – daturum esse – dedisse – dari – videre – visum esse

1. gegeben zu haben = ...
2. gegeben zu werden = ...
3. geben werden = ...
4. gesehen zu werden = ...
5. gesehen worden zu sein = ...
6. zu sehen = ...

85 Was heißt:

1. *duci*
2. *reliquisse*
3. *intellectum esse*
4. *dictum esse*
5. *cognoscere*
6. *cognosci*
7. *accidisse*
8. *interfici*
9. *dari*

Verwechslungsgefahr: Achtung vor dem *-i*!

-i →
- 1. P. Sg. Perfekt aktiv (zB *dixi* = „ich habe gesagt")
- passiver Infinitiv Präsens der konsonantischen + Mischkonjugation (zB *dici* = „gesagt zu werden")
- Imperativ Sg. der i-Konjugation (zB *audi!* = „höre!")

86 Bestimme und übersetze:

1. *agi*
2. *egi*
3. *veni* (2 Möglichkeiten)
4. *relinqui*
5. *vinci*
6. *legi* (2 Möglichkeiten)
7. *quaeri*
8. *peti*
9. *credi*

B PARTIZIPIA (MITTELWÖRTER)

1 Partizip Präsens: Kennzeichen *-ns/-nt-*

Das Partizip Präsens ist **aktiv** und **gleichzeitig**. Es wird vom Präsensstamm gebildet und dekliniert wie die Mischstämme (siehe Seite 20).

	Singular		Plural	
	m. + f.	n.	m. + f.	n.
1./5. F.	*ama-**ns***		*ama-**nt**-es*	*ama-**nt-ia***
2. F.	*ama-**nt**-is*		*ama-**nt-ium***	
3. F.	*ama-**nt**-i*		*ama-**nt**-ibus*	
4. F.	*ama-**nt**-em*	*ama-**ns***	*ama-**nt**-es*	*ama-**nt-ia***
6. F.	*ama-**nt-e***		*ama-**nt**-ibus*	

Ebenso: *mone**ns*** (Gen. *mone**nt**is*), *duce**ns*** (Gen. *duce**nt**is*), *capie**ns*** (Gen. *capie**nt**is*), *audie**ns*** (Gen. *audie**nt**is*)

Übersetzungsmöglichkeiten:

amans = „liebend"; „einer, der liebt"; „ein Liebender"

2 Partizip Perfekt (PPP): Kennzeichen *-tus (-sus/-xus) 3*

Das Partizip Perfekt ist **passiv*** und **vorzeitig**. Es ist die letzte der Stammformen und dekliniert nach der a-/o-Deklination (siehe Seite 24).

	a-Konj.	e-Konj.	kons. Konj.	Misch-Konj.	i-Konj.
1. Sg.	*ama-**tus 3***	*móni-**tus 3***	*duc-**tus 3***	*cap-**tus 3***	*audí-**tus 3***

* Bei den Deponentia ist das Partizip Perfekt **aktiv** (vgl. Seiten 88 und 118)!

Übersetzungsmöglichkeiten:

amatus = „geliebt"; „einer, der geliebt worden ist"; „ein Geliebter"

3 Partizip Futur: Kennzeichen *-urus 3*

Das Partizip Futur ist **aktiv** und **nachzeitig**. Es wird vom PPP aus (*-urus* statt *-us*) gebildet und dekliniert nach der a-/o-Deklination (siehe Seite 24).

	a-Konj.	e-Konj.	kons. Konj.	Misch-Konj.	i-Konj.
1. Sg.	*amat-**urus** 3*	*monit-**urus** 3*	*duct-**urus** 3*	*capt-**urus** 3*	*audit-**urus** 3*

Übersetzungsmöglichkeiten:

amaturus = „einer, der lieben wird/will"

(Zur Verwendung der Partizipia im Ablativus absolutus und Participium coniunctum siehe Seite 118 ff.)

87 Ordne die Partizipia den richtigen Spalten zu:

dubitantibus – coacturum – victuri – petentium – constituta – conspectura – acceptos – clamantem – dicturus – datis – dantis – cognitum

Partizip Präsens	Partizip Perfekt	Partizip Futur

88 Stimme das in Klammer stehende Partizip mit dem Substantiv überein und übersetze die Wortgruppe:

1. *exercitui (pugnans)*
2. *hostem (superatus)*
3. *liberi (dormiens)*
4. *milites (victurus)*
5. *viros (doctus)*
6. *magistro (docens)*
7. *rebus (constitutus)*
8. *nuntios (veniens)*
9. *feminarum (timens)*
10. *virgo (clamaturus)*

89 Ergänze die fehlenden Partizipia. (Falls du die zur Bildung nötigen Stammformen des Verbums nicht weißt, schlage im Lexikon nach!)

	Partizip Präsens	Partizip Perfekt	Partizip Futur
1. *ago*	*agens, agentis*		
2. *puto*		*putatus, -a, -um*	
3. *lego*	*legens, -entis*		
4. *facio*			*facturus, -a, -um*
5. *intellego*		*intellectus, -a, -um*	
6. *relinquo*	*relinquens, -entis*		
7. *mitto*			*missurus, -a, -um*
8. *sentio*		*sensus, -a, -um*	

C GERUNDIUM UND GERUNDIV

Gerundiv und Gerundium werden vom **Präsensstamm** mit dem Suffix ***-nd-*** gebildet. Zur Verwendung siehe Seite 126 ff.

	a-Konj.	e-Konj.	kons. Konj.	Misch-Konj.	i-Konj.
	GERUNDIV (Verbaladjektiv): Merkmal *-nd-*				
	Übersetzung + Verwendung: siehe Seite 128 und 130				
1. Sg.	*ama-**nd**-us 3*	*mone-**nd**-us 3*	*duce-**nd**-us 3*	*capie-**nd**-us 3*	*audie-**nd**-us 3*

	GERUNDIUM (Verbalsubstantiv): Merkmal *-nd-*				
	das Lieben, des Liebens (etc.)	das Mahnen, des Mahnens (etc.)	das Führen, des Führens (etc.)	das Fangen, des Fangens (etc.)	das Hören, des Hörens (etc.)
1. Sg.	*(amare)*	*(monere)*	*(ducere)*	*(capere)*	*(audire)*
2.	*ama**ndi***	*mone**ndi***	*duce**ndi***	*capie**ndi***	*audie**ndi***
3.	*ama**ndo***	*mone**ndo***	*duce**ndo***	*capie**ndo***	*audie**ndo***
4.	*ad ama**ndum***	*ad mone**ndum***	*ad duce**ndum***	*ad capie**ndum***	*ad audie**ndum***
6.	*ama**ndo***	*mone**ndo***	*duce**ndo***	*capie**ndo***	*audie**ndo***

D SUPINUM

Die Supina sind vom **passiven Perfektstamm** gebildete, nicht deklinierbare Verbalsubstantiva. Zu ihrer (seltenen) Verwendung siehe Seite 132.

a-Konj.	e-Konj.	kons. Konj.	Misch-Konj.	i-Konj.
Supinum auf *-um**				
um zu lieben	um zu mahnen	um zu führen	um zu fangen	um zu hören
*amat-**um***	*monit-**um***	*duct-**um***	*capt-**um***	*audit-**um***

* Das Supinum auf *-um* ist formengleich mit dem PPP im 1./4. F. Sg. neutrum.

Supinum auf *-u*				
zu lieben	zu mahnen	zu führen	zu fangen	zu hören
*amat-**u***	*monit-**u***	*duct-**u***	*capt-**u***	*audit-**u***

Halte Gerundium/Gerundiv und die Partizipia Präsens/Perfekt (siehe S. 72) auseinander:

- *rogandi* ► Gerundi(v)um 2. F. Sg. (1. F. Pl.): „des Fragens“
- *roganti* ► Partizip Präsens 3. F. Sg.: „dem Fragenden“
- *rogati* ► Partizip Perfekt 2. F. Sg. m. „des Gefragten“; 1. F. Pl. m. „die Gefragten“

90 Fülle die Tabelle richtig aus:

	Part. Präsens	Part. Perfekt	Gerundiv/ Gerundium	Fall, Zahl, Geschlecht
1. *agenti*	X			3. F. Sg. m./f./n.
2. *scribendum*				
3. *scriptum*				
4. *scribentium*				
5. *legentis*				
6. *lectis*				
7. *legendis*				
8. *putantes*				
9. *putatum*				
10. *dicendi*				
11. *dicenti*				

15. KAPITEL UNREGELMÄSSIGE VERBA

A *ESSE* („SEIN") + *POSSE* („KÖNNEN")

	PRÄSENS Indikativ		PRÄSENS Konjunktiv	
	ich bin	ich kann	(Übersetzung S. 138 f.)	
1. Sg.	*sum*	*pos-sum*	*sim*	*pos-sim*
2.	*es*	*pot-es*	*sis*	*pos-sis*
3.	*est*	*pot-est*	*sit*	*pos-sit*
1. Pl.	*sumus*	*pos-sumus*	*simus*	*pos-simus*
2.	*estis*	*pot-estis*	*sitis*	*pos-sitis*
3.	*sunt*	*pos-sunt*	*sint*	*pos-sint*
	IMPERFEKT Indikativ		**IMPERFEKT Konjunktiv**	
	ich war	ich konnte	(Übersetzung S. 138 f.)	
1. Sg.	*eram*	*pot-eram*	*essem*	*pos-sem*
2. Sg.	*eras*	*pot-eras*	*esses*	*pos-ses*
	▼	▼	▼	▼
3. Pl.	*erant*	*pót-erant*	*essent*	*pos-sent*
	FUTUR		**FUTURUM EXACTUM**	
	ich werde sein	ich werde können	(Übersetzung S. 104)	
1. Sg.	*ero*	*pot-ero*	*fu-ero*	*potu-ero*
2. Sg.	*eris*	*pot-eris*	*fu-eris*	*potu-eris*
	▼	▼	▼	▼
3. Pl.	*erunt*	*pót-erunt*	*fú-erint*	*potú-erint*
	PERFEKT Indikativ		**PERFEKT Konjunktiv**	
	ich bin gewesen	ich habe gekonnt	(Übersetzung S. 138 f.)	
1. Sg.	*fu-i*	*potu-i*	*fu-erim*	*potu-erim*
2. Sg.	*fu-isti*	*potu-isti*	*fu-eris*	*potu-eris*
	▼	▼	▼	▼
3. Pl.	*fu-érunt*	*potu-érunt*	*fú-erint*	*potú-erint*
	PLQPF. Indikativ		**PLQPF. Konjunktiv**	
	ich war gewesen	ich hatte gekonnt	(Übersetzung S. 138 f.)	
1. Sg.	*fu-eram*	*potu-eram*	*fu-issem*	*potu-issem*
2. Sg.	*fu-eras*	*potu-eras*	*fu-isses*	*potu-isses*
	▼	▼	▼	▼
3. Pl.	*fú-erant*	*potú-erant*	*fu-issent*	*potu-issent*

INFINITIVE				
Präsens	*es-se*	zu sein	*pos-se*	zu können
Perfekt	*fu-isse*	gewesen zu sein	*potu-isse*	gekonnt zu haben
Futur	*fu-turum esse (= fore)*	sein zu werden		
IMPERATIVE (nur von *esse*!)				
Imperativ 1	Sg. *es!*	sei!	Pl. *es-te!*	seid!
Imperativ 2	2. P. *es-to*	du sollst sein	2. P. *es-tote*	ihr sollt sein
	3. P. *es-to*	er/sie soll sein	3. P. *su-nto*	sie sollen sein

91 Übersetze! (Zur Übersetzung der Konjunktive siehe Seite 138 f.)

1. *potuisti*
2. *erunt*
3. *erant*
4. *simus*
5. *potuissent*
6. *erimus*
7. *eramus*
8. *sit*
9. *eras*
10. *fueramus*
11. *potuit*
12. *possem*
13. *posse*
14. *ero*
15. *potuerant*
16. *fuerunt*

92 Bilde zu *esse* die jeweils entsprechende Form von *posse* und übersetze sie!

1. *sumus*
2. *fuisti*
3. *erant*
4. *eritis*
5. *fui*
6. *essent*
7. *fuerit*
8. *fuisse*

NOTA BENE

Verwechslungsgefahr: Immer Ärger mit den 3. Personen!

- *póterant* = Imperfekt („sie konnten“)
- *potuérunt* = Perfekt („sie haben gekonnt“)
- *potúerant* = Plqpf. („sie hatten gekonnt“)

Folgt hinter *pot-* ein ***-u-***, handelt es sich um eine Form des Perfektstammes!

Mit *esse* gibt es zahlreiche Zusammensetzungen (Komposita):	
absum, abesse, afui	„abwesend sein“ (vgl. Absenz)
adsum, adesse, adfui	„da sein“; „helfen“
desum, deesse, defui	„fehlen“
insum, inesse, infui	„darin sein“
intersum, interesse, interfui	„beiwohnen“ (vgl. Interesse)
praesum, praeesse, praefui	„befehligen“, „vorstehen“
prosum, prodesse, profui	„nützen“ (vgl. „Prosit“)

93 Übersetze:

1. *afuit*
2. *intereramus*
3. *adfuistis*
4. *adesse*
5. *desunt*
6. *inerat*
7. *praeest*
8. *profuisti*
9. *prodest*
10. *adfuerunt*

B *IRE* („GEHEN“)

1 Aktivformen

	PRÄSENS		IMPERFEKT	
	Indikativ	Konjunktiv	Indikativ	Konjunktiv
	ich gehe	ich soll gehen	ich ging	ich würde gehen
1. Sg.	*eo*	*eam*	*ibam*	*irem*
2.	*is*	*eas*	*ibas*	*ires*
3.	*it*	*eat*	*ibat*	*iret*
1. Pl.	*imus*	*eamus*	*ibamus*	*iremus*
2.	*itis*	*eatis*	*ibatis*	*iretis*
3.	*eunt*	*eant*	*ibant*	*irent*
	FUTUR		**FUTURUM EXACTUM**	
	Indikativ	**Konjunktiv**	**Indikativ**	**Konjunktiv**
	ich werde gehen		ich werde gegangen sein	
1. Sg.	*ibo*	---	*iero*	---
2. Sg.	*ibis*	---	*ieris*	---
	▼		▼	
3. Pl.	*ibunt*	---	*ierint*	---
	PERFEKT		**PLUSQUAMPERFEKT**	
	Indikativ	**Konjunktiv**	**Indikativ**	**Konjunktiv**
	ich bin gegangen	ich könnte gehen	ich war gegangen	ich wäre gegangen
1. Sg.	*ii*	*ierim*	*ieram*	*issem*
2.	*isti*	*ieris*	*ieras*	*isses*
3.	*iit*	*ierit*	*ierat*	*isset*
1. Pl.	*iimus*	*ierimus*	*ieramus*	*issemus*
2.	*istis*	*ieritis*	*ieratis*	*issetis*
3.	*iérunt*	*íerint*	*íerant*	*issent*

Imperative	Sg. *i!*	geh!	Pl. *i-te!*	geht!

2 Passivformen

Nur in der 3. P. Sg.: *itur* („man geht“), *ibatur* („man ging“), *itum est* („man ist gegangen“) etc. Vollständige Passivformen bildet nur *adire* (siehe Seite 79).

3 Nominalformen

	PRÄSENS		PERFEKT		FUTUR
Infinitive	*ire*	zu gehen	*isse*	gegangen sein	*iturum esse*
Partizipia	*iens, euntis* (etc.)	gehend	*itus 3*	gegangen	*iturus 3*
Gerundiv	*eundus 3*				
Gerundium	*eundi, eundo, ad eundum, eundo*				

94 Übersetze! (Zur Übersetzung der Konjunktive siehe Seite 138 f.)

1. *ibant*
2. *istis*
3. *eunt*
4. *ibunt*
5. *ierunt*
6. *i*
7. *ii*
8. *isti*
9. *iret*
10. *ieras*
11. *euntes*
12. *eamus*

95 Welche Form passt nicht in die Reihe?

eunt – erunt – ierunt – ibunt – issent – irent

NOTA BENE

Einige wichtige Komposita von *ire:*	
abeo, abire, abii, abitum	„weggehen"
adeo, adire, adii, aditum	„hingehen"; „angreifen"
exeo, exire, exii, exitum	„hinausgehen", „weggehen"
ineo, inire, inii, initum	„hineingehen"; „beginnen"
intereo, interire, interii, interitum	„zugrunde gehen"
pereo, perire, perii, peritum	„zugrunde gehen"
redeo, redire, redii, reditum	„zurückkehren"
subeo, subire, subii, subitum	„auf sich nehmen"

96 Übersetze:

1. *abierunt* – 2. *subitis* – 3. *exi* – 4. *adibit* – 5. *intereunt* – 6. *rediimus* – 7. *abite* 8. *subeamus* – 9. *redit* – 10. *rediit* – 11. *perierant* – 12. *inisse* – 13. *exibit*

C *VELLE* („WOLLEN")

Analog zu *velle* wandeln *nolle* („nicht wollen") und *malle* („lieber wollen") ab.

1 Präsensstamm

	PRÄSENS Indikativ			PRÄSENS Konjunktiv		
	ich will	ich will nicht	ich will lieber	(Konjunktivübersetzung S. 138)		
1. Sg.	*volo*	*nolo*	*malo*	***velim***	***nolim***	***malim***
2.	***vis***	***non vis***	*mavis*	***velis***	***nolis***	***malis***
3.	***vult***	***non vult***	*mavult*	***velit***	***nolit***	***malit***
1. Pl.	*volumus*	*nolumus*	*malumus*	***velimus***	***nolimus***	***malimus***
2.	***vultis***	***non vultis***	*mavultis*	***velitis***	***nolitis***	***malitis***
3.	*volunt*	*nolunt*	*malunt*	***velint***	***nolint***	***malint***
	IMPERFEKT Indikativ			IMPERFEKT Konjunktiv		
	ich wollte	ich wollte nicht	ich wollte lieber	(Konjunktivübersetzung S. 138)		
1. Sg.	*volebam* (etc.)	*nolebam* (etc.)	*malebam* (etc.)	***vellem*** (etc.)	***nollem*** (etc.)	***mallem*** (etc.)
	FUTUR			IMPERATIVE		
	ich werde wollen	ich werde nicht wollen	ich werde lieber wollen			
1. Sg.	*volam*	*nolam*	*malam*	---	Sg. ***noli!****	---
2. Sg.	*voles* (etc.)	*noles* (etc.)	*males* (etc.)	---	Pl. ***nolite!****	---

* Zur Verwendung und Übersetzung von ***noli/nolite*** siehe Seite 81.

2 Perfektstamm

Die Formen sind regelmäßig von den Stämmen ***volu-***, ***nolu-***, ***malu-*** gebildet:

- **Perfekt:** *volui* (*nolui*, *malui*), *voluisti* ... (etc.)
- **Plqpf.:** *volueram* (*nolueram*, *malueram*), *volueras* ... (etc.)

3 Nominalformen

	INFINITIVE		
Präsens	***velle***	***nolle***	***malle***
	zu wollen	nicht zu wollen	lieber zu wollen
Perfekt	*voluisse*	*noluisse*	*maluisse*
	gewollt zu haben	nicht gewollt zu haben	lieber gewollt zu haben

Partizip Präsens zu *velle* und *nolle*: *volens, -entis* („wollend") und *nolens, -entis* („nicht wollend").

Gerundium und **Gerundiv** gibt es von *velle, nolle* und *malle* nicht.

97 Übersetze die folgenden Formen:

1. *vultis*
2. *nolebat*
3. *voluimus*
4. *voles*
5. *maluisti*
6. *noluerat*
7. *nolet*
8. *non vis*
9. *volebant*
10. *voluerunt*
11. *volam*
12. *malumus*
13. *noluisse*
14. *malle*
15. *voluisti*

Verwechslungsgefahr 1: „wollen" ist nicht gleich **„fliegen"**!

volo, vis, velle, volui = „wollen" ◀▶ *volo, volas, volare, volavi* = „fliegen"

98 Bilde die entsprechenden Formen von *volare* zu den angeführten von *velle*:

1. *vult*
2. *volebamus*
3. *volumus*
4. *voluimus*
5. *volebat*
6. *volam*

Verwechslungsgefahr 2: *vis* ist nicht gleich ***vis***!

vis → 2. P. Sg. Präsens von ***velle*** = „du willst"

vis → von ***vis, vim, vi*** (▶ S. 22) = „die Kraft"

NOTA BENE

***Noli/Nolite* + Infinitiv** drückt ein **Verbot** aus:

Noli me tangere! = „Berühr mich nicht!"
(eigtl.: „Wolle mich nicht berühren!")

99 Was heißt:

1. *noli cantare*
2. *nolite hoc credere*
3. *noli rogare*
4. *nolite timere*
5. *noli pugnare*
6. *noli me relinquere*

D *FERRE* („TRAGEN“, „BRINGEN“)

1 Präsensstamm

	PRÄSENS Indikativ		PRÄSENS Konjunktiv	
	aktiv	passiv	aktiv	passiv
	ich trage	ich werde getragen	(Konj. Übersetzung S. 138)	
1. Sg.	*fero*	*feror*	*feram*	*ferar*
2.	***fers***	***ferris***	*feras*	*feraris*
3.	***fert***	***fertur***	*ferat*	*feratur*
1. Pl.	*ferimus*	*ferimur*	*feramus*	*feramur*
2.	***fertis***	*ferimini*	*feratis*	*feramini*
3.	*ferunt*	*feruntur*	*ferant*	*ferantur*
	IMPERFEKT Indikativ		IMPERFEKT Konjunktiv	
	ich trug	ich wurde getragen	(Konj. Übersetzung S. 138)	
1. Sg.	*ferebam*	*ferebar*	***ferrem***	***ferrer***
2. Sg.	*ferebas* (etc.)	*ferebaris* (etc.)	***ferres*** (etc.)	***ferreris*** (etc.)
	FUTUR		IMPERATIVE	
	ich werde tragen	ich werde getragen werden	**Imperativ 1**	**Imperativ 2**
1. Sg.	*feram*	*ferar*	Sg. ***fer!*** trag!	Sg. *fer-to!*
2. Sg.	*feres* (etc.)	*fereris* (etc.)	Pl. ***fer-te!*** tragt!	Pl. *fer-tote!* *fer-unto!*

2 Perfektstamm

Die Formen des Perfekstammes werden regelmäßig mit den Stämmen ***tul-*** (aktiv) und ***latus*** (passiv) gebildet:

- **Aktiv: *tul-i, tul-eram, tul-ero, tul-issem* ...** (etc.)
- **Passiv: *latus (-a, -um) sum/eram/ero/essem* ...** (etc.)

3 Nominalformen

	INFINITIVE			
	aktiv		passiv	
Präsens	***ferre***	zu tragen	***ferri***	getragen zu werden
Perfekt	*tulisse*	getragen zu haben	*latum esse*	getragen worden sein
Futur	*laturum esse*	tragen werden	*latum iri*	(vgl. Seite 70)

Partizipia	Präsens: *ferens (-entis)*; Perfekt: *latus 3*; Futur: *laturus 3*
Gerundiv	*ferendus 3*
Gerundium	*ferendi, ferendo, ad ferendum, ferendo*

100 Was heißt:

1. *ferimus*
2. *feremus*
3. *ferebat*
4. *tulisse*
5. *lata erat*
6. *fertur*
7. *tulerant*
8. *ferris*
9. *fers*
10. *feres*
11. *ferentes*
12. *lati sunt*
13. *tulissem*
14. *feramus*
15. *ferimini*

101 Eine Form stimmt nicht – welche?

fere – ferre – fer – ferte – fert

* Ich fürchte die Griechen, auch wenn sie Geschenke bringen ...

Wichtige Komposita von *ferre:*	
áffero, afferre, áttuli, allatum	„hintragen“
aúfero, auferre, ábstuli, ablatum	„wegnehmen“ (vgl. Ablativ)
cónfero, conferre, cóntuli, collatum	„zusammentragen“; „vergleichen“
díffero, differre, ---	„sich unterscheiden“ (vgl. Differenz)
ínfero, inferre, íntuli, illatum	„hineintragen“; „zufügen“
óffero, offerre, óbtuli, oblatum	„anbieten“ (vgl. offerieren)
pérfero, perferre, pértuli, perlatum	„überbringen“; „ertragen“
praéfero, praeferre, praétuli, praelatum	„vorziehen“ (vgl. engl. to prefer)
réfero, referre, rét(t)uli, relatum	„zurückbringen“; „berichten“ (vgl. Referat)
tránsfero, transferre, transtuli, translatum	„hinübertragen“ (vgl. transferieren)

102 Übersetze:

1. *differt*
2. *transtulimus*
3. *praeferebat*
4. *oblatum est*
5. *abstulerunt*
6. *auferam*
7. *refertur*
8. *perferimus*
9. *intulistis*
10. *referes*
11. *refers*
12. *attulisse*
13. *ablatum esse*
14. *referebant*
15. *offero*

- Achtung auf die Perfektbildung von ***tollo, -is, -ere*** („aufheben“, „wegnehmen“): *sus**tuli**, sub**latum***
- Zu ***fertur/feruntur* + NCI** („man sagt, dass“) siehe Seite 116.

16. KAPITEL DEPONENTIA

Deponentia (von *deponere* = „ablegen") sind Verba, die **passive Formen**, aber **aktive Bedeutungen** haben. Deponentia gibt es bei allen fünf Konjugationen.

A PRÄSENSSTAMM

	a-Konj.	e-Konj.	kons. Konj.	Misch-Konj.	i-Konj.
	conari	*tuéri*	*sequi*	*mori*	*largiri*
	Indikativ PRÄSENS				
	ich versuche	ich schütze	ich folge	ich sterbe	ich spende
1. Sg.	*con-**or***	*tue-**or***	*sequ-**or***	*mori-**or***	*largi-**or***
2.	*cona-**ris***	*tué-**ris***	*séqu-e-**ris***	*móre-**ris***	*largi-**ris***
3.	*cona-**tur***	*tué-**tur***	*séqu-i-**tur***	*móri-**tur***	*largi-**tur***
1. Pl.	*cona-**mur***	*tué-**mur***	*séqu-i-**mur***	*móri-**mur***	*largi-**mur***
2.	*cona-**mini***	*tue-**mini***	*sequ-i-**mini***	*mori-**mini***	*largi-**mini***
3.	*cona-**ntur***	*tue-**ntur***	*sequ-**u-ntur***	*mori-**u-ntur***	*largi-**u-ntur***
	Indikativ IMPERFEKT: Tempuszeichen *-ba-*				
	ich versuchte	ich schützte	ich folgte	ich starb	ich spendete
1. Sg.	*cona-**ba-r***	*tue-**ba-r***	*seque-**ba-r***	*morie-**ba-r***	*largie-**ba-r***
2. Sg.	*cona-**ba-ris***	*tue-**ba-ris***	*seque-**ba-ris***	*morie-**ba-ris***	*largie-**ba-ris***
	▼	▼	▼	▼	▼
3. Pl.	*cona-**ba-ntur***	*tue-**ba-ntur***	*seque-**ba-ntur***	*morie-**ba-ntur***	*largie-**ba-ntur***
	FUTUR: Tempuszeichen *-b-* bzw. *-a-/-e-*				
	ich werde versuchen	ich werde schützen	ich werde folgen	ich werde sterben	ich werde spenden
1. Sg.	*cona-**b-or***	*tue-**b-or***	*sequ-**a-r***	*mori-**a-r***	*largi-**a-r***
2. Sg.	*cona-**b-e-ris***	*tue-**b-e-ris***	*sequ-**e-ris***	*mori-**e-ris***	*largi-**e-ris***
3. Sg.	*cona-**b-i-tur***	*tue-**b-i-tur***	*sequ-**e-tur***	*mori-**e-tur***	*largi-**e-tur***
	▼	▼	▼	▼	▼
3. Pl.	*cona-**b-u-ntur***	*tue-**b-u-ntur***	*sequ-**e-ntur***	*mori-**e-ntur***	*largi-**e-ntur***

	a-Konj.	e-Konj.	kons. Konj.	Misch-Konj.	i-Konj.
	Konjunktiv PRÄSENS: Zeichen *-a-* bzw. *-e-*				
1. Sg.	*con-**e-r***	*tue-**a-r***	*sequ-**a-r***	*mori-**a-r***	*largi-**a-r***
2. Sg.	*con-**e-ris***	*tue-**a-ris***	*sequ-**a-ris***	*mori-**a-ris***	*largi-**a-ris***
	▼	▼	▼	▼	▼
3. Pl.	*con-**e-ntur***	*tue-**a-ntur***	*sequ-**a-ntur***	*mori-**a-ntur***	*largi-**a-ntur***
	Konjunktiv IMPERFEKT: Zeichen *-re-*				
1. Sg.	*cona-**re-r***	*tue-**re-r***	*seque-**re-r***	*more-**re-r***	*largi-**re-r***
2. Sg.	*cona-**re-ris***	*tue-**re-ris***	*seque-**re-ris***	*more-**re-ris***	*largi-**re-ris***
	▼	▼	▼	▼	▼
3. Pl.	*cona-**re-ntur***	*tue-**re-ntur***	*seque-**re-ntur***	*more-**re-ntur***	*largi-**re-ntur***

Ob ein Wort ein Deponens ist, musst du beim Vokabellernen mitlernen!
Hier die Stammformen der wichtigsten Deponentia:

arbitror 1	*arbitrari*	*arbitratus sum*	glauben
conor 1	*conari*	*conatus sum*	versuchen
cunctor 1	*cunctari*	*cunctatus sum*	zögern
experior 4	*experiri*	*expertus sum*	versuchen
hortor 1	*hortari*	*hortatus sum*	auffordern
loquor 3	*loqui*	*locutus sum*	sprechen
morior M	*mori*	*mortuus sum*	sterben
moror 1	*morari*	*moratus sum*	s. aufhalten
orior M	*oriri**	*ortus sum*	entstehen
patior M	*pati*	*passus sum*	erleiden
polliceor 2	*polliceri*	*pollicitus sum*	versprechen
proficiscor 3	*proficisci*	*profectus sum*	aufbrechen
sequor 3	*sequi*	*secutus sum*	folgen
utor 3	*uti*	*usus sum*	benützen
vereor 2	*vereri*	*veritus sum*	fürchten

* *orior* bildet den Infinitiv Präsens nach der i-, die übrigen Formen nach der Mischkonjugation.

103 Übersetze die folgenden Formen:

1. *loquitur*
2. *conaris*
3. *sequebatur*
4. *conabimur*
5. *utimur*
6. *proficiscitur*
7. *patimur*
8. *polliceris*
9. *arbitrabamini*
10. *hortantur*
11. *sequuntur*
12. *cunctabaris*
13. *moratus est*
14. *proficiscar*
15. *sequamur*

104 Welche Übersetzung stimmt? Achte darauf, ob es sich um ein Deponens handelt oder nicht!

1. *utitur:* a) es wird benützt, b) sie benützt, c) er wird benützen
2. *datur:* a) er gibt, b) es wird gegeben, c) es wurde gegeben
3. *verentur:* a) sie werden fürchten, b) sie fürchten, c) sie werden gefürchtet
4. *amata est:* a) sie wird geliebt, b) sie wurde geliebt, c) sie hat geliebt
5. *cunctabamur:* a) wir zögerten, b) wir versuchten, c) wir werden zögern

Verwechslungsgefahr: „sterben“ oder „verweilen“, das ist hier die Frage!

- ***moror, moráris, morari, moratus sum*** = „sich aufhalten“, „verweilen“
- ***morior, móreris, mori, mortuus sum*** = „sterben“

B PERFEKTSTAMM

	a-Konj.	e-Konj.	kons. Konj.	Misch-Konj.	i-Konj.
	conari	*tuéri*	*sequi*	*mori*	*largiri*
	PERFEKT Indikativ				
	ich versuchte	ich schützte	ich folgte	ich starb	ich spendete
1. Sg.	*conatus* ***sum***	*tuitus* ***sum***	*secutus* ***sum***	*mortuus* ***sum***	*largitus* ***sum***
2. Sg.	*conatus* ***es***	*tuitus* ***es***	*secutus* ***es***	*mortuus* ***es***	*largitus* ***es***
	▼	▼	▼	▼	▼
3. Pl.	*conati* ***sunt***	*tuiti* ***sunt***	*secuti* ***sunt***	*mortui* ***sunt***	*largiti* ***sunt***
	PLUSQUAMPERFEKT Indikativ				
	ich hatte versucht	ich hatte geschützt	ich war gefolgt	ich war gestorben	ich hatte gespendet
1. Sg.	*conatus* ***eram***	*tuitus* ***eram***	*secutus* ***eram***	*mortuus* ***eram***	*largitus* ***eram***
2. Sg.	*conatus* ***eras***	*tuitus* ***eras***	*secutus* ***eras***	*mortuus* ***eras***	*largitus* ***eras***
	▼	▼	▼	▼	▼
3. Pl.	*conati* ***erant***	*tuiti* ***erant***	*secuti* ***erant***	*mortui* ***erant***	*largiti* ***erant***
	FUTURUM EXACTUM				
	(Zur Übersetzung des Futurum Exactum siehe Seite 104)				
1. Sg.	*conatus* ***ero***	*tuitus* ***ero***	*secutus* ***ero***	*mortuus* ***ero***	*largitus* ***ero***
2. Sg.	*conatus* ***eris***	*tuitus* ***eris***	*secutus* ***eris***	*mortuus* ***eris***	*largitus* ***eris***
	▼	▼	▼	▼	▼
3. Pl.	*conati* ***erunt***	*tuiti* ***erunt***	*secuti* ***erunt***	*mortui* ***erunt***	*largiti* ***erunt***

	a-Konj.	e-Konj.	kons. Konj.	Misch-Konj.	i-Konj.
	PERFEKT Konjunktiv				
	(Zur Übersetzung der Konjunktive siehe Seite 138 f.)				
1. Sg.	*conatus* ***sim***	*tuitus* ***sim***	*secutus* ***sim***	*mortuus* ***sim***	*largitus* ***sim***
2. Sg.	*conatus* ***sis***	*tuitus* ***sis***	*secutus* ***sis***	*mortuus* ***sis***	*largitus* ***sis***
	▼	▼	▼	▼	▼
3. Pl.	*conati* ***sint***	*tuiti* ***sint***	*secuti* ***sint***	*mortui* ***sint***	*largiti* ***sint***
	PLUSQUAMPERFEKT Konjunktiv				
1. Sg.	*conatus* ***essem***	*tuitus* ***essem***	*secutus* ***essem***	*mortuus* ***essem***	*largitus* ***essem***
2. Sg.	*conatus* ***esses***	*tuitus* ***esses***	*secutus* ***esses***	*mortuus* ***esses***	*largitus* ***esses***
	▼	▼	▼	▼	▼
3. Pl.	*conati* ***essent***	*tuiti* ***essent***	*secuti* ***essent***	*mortui* ***essent***	*largiti* ***essent***

fio, fis, fieri („gemacht werden“, „werden“, „geschehen“) hat im PRÄSENSSTAMM mit Ausnahme des Infinitivs *fieri* **aktive** Formen: *fio, fis, fit ... fiunt; fiebam, fiebas* (etc.); *fiam, fies* (etc.); *fierem, fieres* (etc.).

Die Formen des PERFEKTSTAMMES sind **passiv** und von *facere* entlehnt: *factus sum/es/est ...* (etc.).

105 Was heißt:

1. *secuti sunt*
2. *pollicita est*
3. *usi eramus*
4. *ortum est*
5. *locuti sumus*
6. *cunctatae estis*
7. *profectus eras*
8. *moratae sunt*
9. *hortatus es*

106 Welche Übersetzung stimmt?

1. *arbitratus est:* a) er hat geglaubt, b) es wurde geglaubt, c) sie hat geglaubt
2. *veriti erant:* a) sie wurden gefürchtet, b) sie fürchteten, c) sie hatten gefürchtet
3. *pollicebatur:* a) er versprach, b) es wurde versprochen, c) sie wird versprechen
4. *usa erat:* a) sie hatte benützt, b) sie hat benützt, c) sie war benützt worden

Bei einigen Deponentia steht das Objekt im **Ablativ**; bei ihnen darfst du nach dem Ablativ daher nicht wie sonst („womit?“, „wodurch?“ etc.) fragen!

utor 3 (Perfekt: *usus sum*) = „benützen“
fruor 3 (fruitus/fructus sum) = „genießen“
fungor 3 (functus sum) = „erfüllen“
potior 4 (potitus sum) = „sich bemächtigen“
nitor 3 (nisus/nixus sum) = „sich stützen“
vescor 3 (–) = „essen“

1 Semideponentia („Halbdeponentia“)

Einige Verba haben **aktive Präsens**- und **passive Perfektstamm**-Formen:
zB Präsens: *audeo* = „ich wage“ ◀▶ Perfekt: *ausus sum* = „ich wagte“

Präsensstamm aktiv		Perfektstamm passiv	
audeo 2	*audére*	***ausus sum***	wagen
gaudeo 2	*gaudére*	***gavisus sum***	sich freuen
(con)fido 3	*(con)fidere*	***(con)fisus sum***	vertrauen
soleo 2	*solére*	***solitus sum***	gewohnt sein
Präsensstamm passiv		**Perfektstamm aktiv**	
revertor 3	***reverti***	*reverti*	zurückkehren

107 Übersetze:

1. *soliti sunt*
2. *gavisi erant*
3. *reverterunt*
4. *revertebatur*
5. *fisi sumus*
6. *ausi estis*
7. *fiebat*
8. *factum erat*

C IMPERATIVE

	a-Konj.	e-Konj.	kons. Konj.	Misch-Konj.	i-Konj.
	Sg.: Merkmal *-re*				
2. P.	versuche!	schütze!	folge!	stirb!	spende!
Sg.	*cona-**re**!*	*tué-**re**!*	*séque-**re**!*	*móre-**re**!*	*largi-**re**!*
	Pl.: Stamm + *-mini**				
2. P.	versucht!	schützt!	folgt!	sterbt!	spendet!
Pl.	*cona-**mini**!*	*tué-**mini**!*	*sequí-**mini**!*	*morí-**mini**!*	*largí-**mini**!*

* Der Imperativ Plural bei Deponentia ist identisch mit der 2. P. Pl. Präsens Indikativ.

D NOMINALFORMEN

a-Konj.	e-Konj.	kons. Konj.	Misch-Konj.	i-Konj.
Infinitiv PRÄSENS: Merkmal *-ri bzw. -i*				
zu versuchen	zu schützen	zu folgen	zu sterben	zu spenden
*cona-**ri***	*tué-**ri***	*sequ-**i***	*mor-**i***	*largi-**ri***
Infinitiv PERFEKT: Merkmal PPA + *esse*				
versucht zu haben	geschützt zu haben	gefolgt zu sein	gestorben zu sein	gespendet zu haben
*conatum **esse***	*tuitum **esse***	*secutum **esse***	*mortuum **esse***	*largitum **esse***
Infinitiv FUTUR: Merkmal *-urum, esse*				
(Zur Verwendung und Übersetzung siehe Seite 114)				
*conat-**urum*** 3 ***esse***	*tuit-**urum*** 3 ***esse***	*secut-**urum*** 3 ***esse***	*morit-**urum*** 3 ***esse***	*largit-**urum*** 3 ***esse***

	a-Konj.	e-Konj.	kons. Konj.	Misch-Konj.	i-Konj.
	Partizip PRÄSENS aktiv: Merkmal *-ns/-nt-*				
	versuchend	schützend	folgend	sterbend	spendend
1. F.	*cona-**ns***	*tue-**ns***	*sequ-e-**ns***	*mori-e-**ns***	*largi-e-**ns***
2. F.	*cona-**nt**-is* (etc.)	*tue-**nt**-is* (etc.)	*sequ-e-**nt**-is* (etc.)	*mori-e-**nt**-is* (etc.)	*largi-e-**nt**-is* (etc.)
	Partizip PERFEKT aktiv (PPA): Merkmal *-tus* (*-sus*/*-xus*) 3				
	einer, der versucht hat	einer, der geschützt hat	einer, der gefolgt ist	einer, der gestorben ist	einer, der gespendet hat
1. F.	*conat-**us*** 3	*tuit-**us*** 3	*secut-**us*** 3	*mortu-**us*** 3	*largit-**us*** 3
	Partizip FUTUR aktiv: Merkmal *-urus* 3				
	(Zur Verwendung und Übersetzung siehe Seite 120)				
1. F.	*conat-**urus*** 3	*tuit-**urus 3***	*secut-**urus 3***	*morit-**urus 3***	*largit-**urus 3***

	a-Konj.	e-Konj.	kons. Konj.	Misch-Konj.	i-Konj.
	GERUNDIV: Merkmal *-nd-*				
1. F.	*cona**ndus 3***	*tue**ndus 3***	*seque**ndus 3***	*morie**ndus 3***	*largie**ndus 3***
	GERUNDIUM: Merkmal *-nd-*				
2. F.	*cona**ndi*** (etc.)	*tue**ndi*** (etc.)	*seque**ndi*** (etc.)	*morie**ndi*** (etc.)	*largie**ndi*** (etc.)

108 Wie aus Deponentia Kaugummi wird!

Wenn du die Deponentia, die auf Seite 85 aufgelistet sind, beherrschst, wirst du den folgenden Raster sicher problemlos ausfüllen können! Als Belohnung erfährst du, was „Kaugummi“ auf Lateinisch heißt …

„ich versuche“
„zu folgen“
„wir erleiden“
„ich verweile“
„zu sterben“
„du benützt“

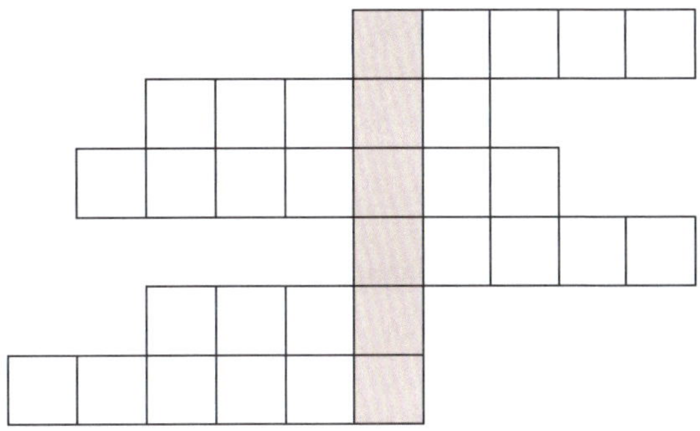

„ich forderte auf“
„wir sprechen“
„sie wird benützen“
„er stirbt“
„ich glaube“
„ich zögere“
„sie verweilen“
„die Folgenden“
„du forderst auf“

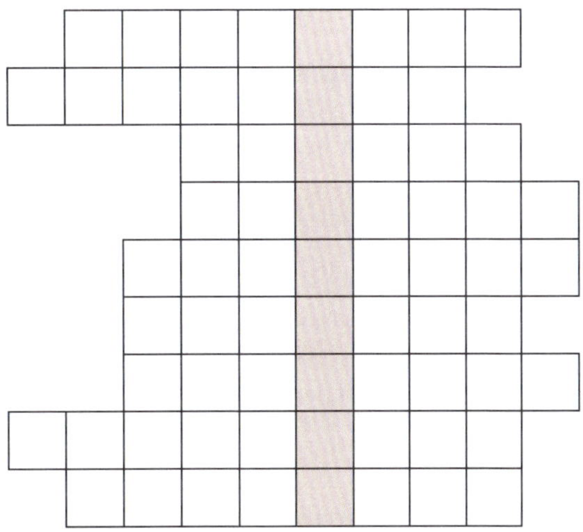

Lösung: „Kaugummi“ = ________________ ________________

GRAMMATIK-CHECKLISTE 3 VERBA

Hier kannst du nochmals überprüfen, ob du beim Stoff der Seiten 54 bis 89 schon wirklich sattelfest bist!

1. Die Endungen für den aktiven Präsensstamm lauten: Sg. ....; Pl. ....
2. Das Imperfekt wird vom Präsensstamm/Perfektstamm gebildet.
3. Das Zeichen für das Imperfekt ist die Silbe -.......... -.
4. Das Futur wird auf zwei Arten gebildet: a) bei den a- und e-Stämmen mit ...., b) bei den anderen Konjugationen mit .... (in der 1. P. Sg.) bzw. .... (in den anderen Personen).
5. Die Endungen für den passiven Präsensstamm lauten: Sg. ....; Pl. ....
6. Beim Imperativ handelt es sich um die ....form, beim Infinitiv um die ....form.
7. Die Endungen im aktiven Perfekt lauten: Sg. ....; Pl. ....
8. Bei *dederant* handelt es sich um Perfekt/Plqpf./Futur Exakt.
9. Die Passivformen im Perfekt, Plqpf. und Futur Exakt bestehen immer aus einem Wort/ zwei Wörtern.
10. Das Merkmal für den Konjunktiv Präsens ist bei der a-Konjugation der Buchstabe ...., bei allen anderen der Buchstabe ....
11. Im Konjunktiv Imperfekt (egal ob im Aktiv oder Passiv) ist immer folgende Form enthalten: der ....
12. *-issem, -isses* (etc.) ist das Zeichen für den Konjunktiv .... Aktiv.
13. Der Konjunktiv Perfekt Aktiv ist (mit Ausnahme der 1. P. Sg). formengleich mit folgender Zeit: ....

14. Der passive Infinitiv Präsens endet bei der a-, e- und i- Konjugation auf ...., bei den übrigen auf -.......... .

15. Die Form *dixisse* ist ein .... und wird mit .... übersetzt.

16. Die Endung für den aktiven Infinitiv Futur ist ....

17. *victum esse* bedeutet .... und ist ein Infinitiv Perfekt/Futur (aktiv/passiv).

18. Bei *dormiens* handelt es sich um ein Partizip Präsens/Futur/Perfekt. Der Genitiv dazu lautet ....

19. Das PPP zu *superare* lautet ....

20. Das Futurpartizip ist aktiv/passiv und gleichzeitig/vorzeitig/nachzeitig. Man erkennt es an der Endung -........................... .

21. Das Erkennungszeichen für Gerundium und Gerundiv ist ....

22. *erat* ist Imperfekt/Perfekt/Plqpf. und wird mit .... übersetzt.

23. Bei *ero* handelt es sich um das Präsens/Futur/Imperfekt von .... (Übersetzung: ....).

24. *potuerunt* bedeutet .... (Zeit: ....).

25. *eunt* heißt .... (Zeit: ....).

26. Die 2. P. Sg. zu *volo* lautet .... (Übersetzung: ....).

27. *fers* heißt .... und leitet sich vom Verbum .... (Infinitiv) ab.

28. Deponentia sind Verba, die aktive/passive Formen und aktive/passive Bedeutungen haben.

29. *conabatur* heißt ....

30. Das Perfekt von *gaudeo* lautet .... Bei diesem Verbum handelt es sich um ein sogenanntes .... deponens.

31. Die Übersetzung der Form *sequere* lautet .... Es handelt sich dabei um eine(n) ....

SYNTAX

NOMEN IM SATZ

17. KAPITEL KASUSLEHRE

In der folgenden Übersicht findest du die wichtigsten Kasusfunktionen nach ihrer Häufigkeit geordnet:

Frage	Übersetzung	Bezeichnung	Beispiel
		GENITIV	
wessen?	(wörtlich als Genitiv) (+ *esse*): **„gehören"**	Genitiv des Besitzers *(gen. possessivus)*	*canis avunculi* = der Hund des Onkels
(um eine Eigenschaft anzugeben)	**„von", „mit"**	Eigenschaftsgenitiv *(gen. qualitatis, vgl. abl. qualitatis)*	*vir magni ingenii* = ein Mann von (mit) großem Talent
wovon?	**„von"** oder **als Nominativ**	Teilungsgenitiv *(gen. partitivus)*	*multum panis* = viel (vom) Brot
wessen?	(wörtlich als Genitiv)	*gen. subiectivus*	*amor patris* = die Liebe **des** Vaters
---	(mit einer passenden Präposition)	*gen. obiectivus*	*amor patris* = die Liebe **zum** Vater
wie sehr?	(als Nominativ)	Wertgenitiv *(gen. pretii)*	*magni aestimare* = hoch schätzen
		DATIV	
wem?	(wörtlich als Dativ)	Objektsdativ	*tibi basium do* = ich gebe dir einen Kuss
---	**„haben"**	Dativ des Besitzers *(dat. possessivus)*	*mihi otium est* = ich habe Freizeit
wofür?	**„für"**	Dativ des Vorteils	*vitae discimus* = wir lernen fürs Leben
wozu? (bei *esse*)	**„dienen zu", „bereiten"** o. ä.	Zweckdativ *(dat. finalis)*	*gaudio esse* = zur Freude dienen
(beim Gerundiv)	(als Nominativ, siehe Seite 126)	Dativ des Urhebers *(dat. auctoris)*	*mihi dormiendum est* = ich muss schlafen
		AKKUSATIV	
wen?, was?	(wörtlich als Akkusativ)	Objektsakkusativ	*te amo* = ich liebe dich
---	wird zum Nominativ	Subjektsakkusativ im ACI (siehe Seite 112 f.)	*scio te adesse* = ich weiß, dass du da bist
wohin?	**„in", „nach", „auf"**	Richtungsakkusativ (meist + *in*)	*in Italiam venio* = ich komme nach Italien
wie lange?	(als Akkusativ)	Akk. der Zeitstrecke	*tres horas dormio* = ich schlafe drei Stunden

109 Übersetze den Eigenschaftsgenitiv (Gen. qualitatis) auf zwei verschiedene Arten:

Exemplum: *puer decem annorum* = (ein Bub von 10 Jahren =) ein 10-jähriger Knabe

1. *rex maximae crudelitatis*
2. *urbs antiquae originis*
3. *vir ordinis senatorii*
4. *homines summae prudentiae*
5. *navis eius (huius) generis*
6. *discipulus summi studii*

110 Übersetze den Teilungsgenitiv (Gen. partitivus):

1. *multum temporis*
2. *paulum otii*
3. *nemo nostrum*
4. *quis vestrum*
5. *satis vini*
6. *Quid novi (est)?*

NOTA BENE

Der **Genetivus obiectivus** ist vom **Genetivus subiectivus** nur durch den **Sinn** zu unterscheiden:

timor Romanorum =

= „die Furcht **der** Römer" (▶ die Römer fürchten sich: Gen. subiectivus)

= „die Furcht **vor den** Römern" (▶ man fürchtet die Römer: Gen. obiectivus)

111 Übersetze als Genetivus obiectivus! Wo ist auch die Wiedergabe als Genetivus subiectivus möglich?

1. *bellum Germanorum*
2. *spes victoriae*
3. *odium hostium*
4. *cupiditas regni*
5. *amor Iuliae*
6. *gaudium adventus tui*

NOTA BENE

Der lat. **Dativus possessivus** muss im Deutschen zu einem „haben"-Satz umgeformt werden:

mihi otium est = (mir ist Freizeit =) ich **habe** Freizeit

112 Was heißt:

1. *Romanis multae provinciae erant.*
2. *Caesari milites fortissimi erant.*
3. *Estne tibi soror pulchra?*
4. *Cui non spes meliorum temporum est?*
5. *Patri meo pauci capilli sunt.*

Frage	Übersetzung	Bezeichnung	Beispiel
		A B L A T I V	
womit?, wodurch?	**„durch", „mit"**	Mittelsablativ (*abl. instrumenti*)	*dolo vincunt* = sie siegen durch eine List
wovon?, von wem?	**„von"** (beim Passiv)	Abl. des Grundes (bei Personen + *ab*) (*abl. causae*)	*ab hostibus victi sunt* = sie wurden von den Feinden besiegt
wann?	(je nach Zusammenhang)	Zeitablativ (*abl. temporis*)	*meridie* = zu Mittag
wo?	**„in", „auf"**	Ortsablativ (meist + *in*)* (*abl. loci*)	*in urbe* = in der Stadt
wovon?	**„von"**	Trennungsablativ (*abl. separationis*)	*metu liberare* = von der Furcht befreien
wie?	(je nach Zusammenhang)	Abl. der Art und Weise (*abl. modi*)	*more Romano* = nach römischer Sitte
(beim Komparativ)	**„als"**	Vergleichsablativ (*abl. comparationis*)	*Marco maior sum* = ich bin größer als Markus
(um eine Eigenschaft anzugeben)	**„von"** oder frei	Abl. der Eigenschaft (*abl. qualitatis*, vgl. *gen. qualitatis*)	*vir summo ingenio* = ein Mann von (mit) höchstem Talent

* Ohne *in* steht der Ortsablativ bei *locus* und *totus* sowie bei den Städtenamen (vgl. Seite 96).

Faustregeln für die Übersetzung des Ablativs

- Als Erstübersetzung für den Ablativ eignen sich meist die Präpositionen **„durch"**, **„mit"** oder **„von"**. Handelt es sich um einen Zeitbegriff, frage **„wann?"**.
- Ist ein Partizip mit dem Ablativ übereingestimmt, liegt fast immer ein **Ablativus absolutus** (siehe Seite 122) vor.
- **DINGE** stehen im Ablativ meist **ohne Präposition, PERSONEN** dagegen **mit Präposition** (Ausnahmen: Vergleichsablativ und Ablativus absolutus). Kommt in einem Text also ein Nomen vor, das von der Form her sowohl Dativ als auch Ablativ sein kann, gilt folgende FAUSTREGEL:

  Sachbegriff ► meist **Ablativ**
  Person ► meist **Dativ**

  zB *viribus* (Sachbegriff ► Ablativ) = „mit Kräften"
  ***viris* (Person ► Dativ) = „den Männern"**

- Im Vergleich zum Dativ ist der **Ablativ der weitaus häufigere Fall**!

Der Ablativus qualitatis ist weitgehend gleichbedeutend mit dem Genetivus qualitatis (vgl. Seite 92 f.):

miles summae virtutis (Gen.)
miles summa virtute (Abl.)
} = ein Soldat von höchster Tapferkeit (► ein sehr tapferer Soldat)

113 Forme die Sätze 1, 4 und 6 von Übung 109 in Ablative um!

114 In jedem der folgenden Sätze ist ein Ablativ enthalten. Übersetze und gib die genaue Ablativ-Bezeichnung an!

1. *Haec puella summa pulchritudine est.*
2. *Hoc anno aestate domi manebimus.*
3. *In Italia semper sol est.*
4. *Nonne id luce clarius est?*
5. *Canis meus omnes homines alienos porta prohibet.*
6. *Hoc libro nemo delectatur.*
7. *Saepe domo absum.*
8. *Urbs Roma incendio vastata est.*
9. *Multi homines simili modo vitam agunt.*
10. *Marcus Aurelius imperator magna sapientia erat.*

115 KASUS-TEST

Bist du schon sattelfest bei den Fällen? Streiche bei den folgenden Sätzen die jeweils falsche Variante!

1. Auf die Frage „wann?“ steht der **Akkusativ/Ablativ**.
2. Personen stehen im Ablativ meist **mit/ohne** Präposition.
3. Der Dativ kommt **häufiger/seltener** als der Ablativ vor.
4. *Nihil novi* heißt „Nichts Neues“; *novi* ist ein Gen. **qualitatis/partitivus**.
5. Genetivus qualitatis und Ablativus qualitatis sind **gleichbedeutend/ nicht gleichbedeutend.**
6. Der Kasus, der häufig mit „für“ übersetzt werden kann, ist der **Dativ/Akkusativ**.
7. Auf die Frage „wohin?“ steht ***in* + Akkusativ/*in* + Ablativ**.
8. Bei *provincia prohibentur* („sie werden von der Provinz ferngehalten“) ist *provincia* ein **Abl. separationis/Abl. causae**.

18. KAPITEL STÄDTENAMEN

Lateinische Städtenamen (und die Namen kleiner Inseln) stehen – im Gegensatz zu Ländernamen – **ohne Präpositionen.** Ansonsten gelten aber dieselben Regeln wie bei allen anderen Ortsangaben:

Frage	Länder	Städte
wohin?	*in* + **Akkusativ**	reiner **Akkusativ**
	(*in Italiam* = nach Italien)	(*Romam* = nach Rom)
woher?	*ex* + **Ablativ**	reiner **Ablativ**
	(*ex Italia* = aus Italien)	(*Roma* = aus Rom)
wo?	*in* + **Ablativ**	reiner **Ablativ** oder **Lokativ***
	(*in Italia* = in Italien)	(*Carthagine* = in Karthago bzw. *Romae* = in Rom)

* Der **Lokativ** steht bei Ortsnamen auf ***-us, -a*** oder ***-um* im Singular** und sieht aus wie der **Genitiv Sg.** der jeweiligen Deklination:

*Rom**a**, -ae* ► Lokativ: *Rom**ae*** („in Rom")
*Corinth**us**, -i* ► Lokativ: *Corinth**i*** („in Korinth")
*Mogontiac**um**, -i* ► Lokativ: *Mogontiac**i*** („in Mainz")

Bei **allen anderen Ortsnamen** steht auf die Frage „wo?" der **reine Ablativ:**

*Athen**ae**, -arum* ► Ablativ: *Athen**is*** („in Athen")
*Cartha**go**, -inis* ► Ablativ: *Carthag**ine*** („in Karthago")
*Delph**i**, -orum* ► Ablativ: *Delph**is*** („in Delphi")

Wie die Städtenamen verhalten sich auch ***domus*** („Haus") und ***rus*** („Land"):

domum = nach Hause	**„wohin?"** (► Akkusativ)	***rus*** = aufs Land
domo = von zu Hause	**„woher?"** (► Ablativ)	***rure*** = vom Land
domi = zu Hause	**„wo?"** (► Lokativ)	***ruri*** = auf dem Land

116 Hier einige bekannte Städte in ihrer lateinischen bzw. latinisierten Form:

Roma, -ae	*Londinium, -i*
Delphi, -orum (Pl. Wort!)	*Carthago, -inis*
Athenae, -arum (Pl. Wort!)	*Vienna, -ae*
Neapolis, -is f. (i-Stamm)	*Berolinum, -i*

Was heißt:

1. nach Rom
2. nach Karthago
3. nach Berlin
4. nach Athen
5. in London
6. in Delphi
7. in Wien
8. in Karthago
9. aus Athen
10. aus Berlin
11. aus Neapel
12. aus Rom

117 Übersetze:

1. *Romam*
2. *Berolino*
3. *Viennae*
4. *Carthagine* (2 Mögl.)
5. *Delphis* (2 Mögl.)
6. *Neapolim*
7. *Londinii*
8. *in Italiam*

118 Da der Lokativ wie der Genitiv aussieht, hat man fallweise bei der Übersetzung zwischen diesen beiden Fällen die Qual der Wahl. Welche der folgenden Formen sind eindeutig Genitiv, welche können auch Lokativ sein?

Carthaginis – Neapolis – Londinii – Athenarum – Viennae – Germaniae

19. KAPITEL TRANSITIVE UND INTRANSITIVE VERBA

A TRANSITIVE VERBA

Unter transitiven Verba (in Lexika mit *trans.* abgekürzt) versteht man Zeitwörter, die mit einem **Akkusativ** verbunden sind: zB *amare* („lieben"), *necare* („töten"), *mittere* („schicken"), *tangere* („berühren") u. a.: ***te*** *amo* = ich liebe **dich**

Transitive Verba können **für jede Person eine Passivform** bilden (sogenanntes „persönliches Passiv"):

1. P. Sg. *amor* = ich werde geliebt
2. P. Sg. *amaris* = du wirst geliebt
3. P. Sg. *amatur* = er (sie, es) wird geliebt
(etc.)

NOTA BENE

Einige Verba sind im Lateinischen transitiv, im Deutschen aber intransitiv:

(ad)iuvo te	ich helfe **dir**
iubeo te	ich befehle **dir**
veto te	ich verbiete **dir**
fugio te	ich fliehe vor **dir**

B INTRANSITIVE VERBA

Als intransitiv (Abkürzung *intrans.*) werden alle Verba bezeichnet, die sich **nicht mit einem Akkusativ** verbinden: zB *venire* („kommen"), *ire* („gehen"), *pugnare* („kämpfen"), *parere* („gehorchen") u.a.

Intransitive Verba können **nur in der 3. Person Sg. eine Passivform** bilden (= „unpersönliches Passiv", mit „es" [+ Passiv] oder **„man"** [+ Aktiv] zu übersetzen):

venitur = (es wird gekommen =) man kommt
itur = (es wird gegangen =) man geht
pugnatur = (es wird gekämpft =) man kämpft

NOTA BENE

Einige Verba sind im Lateinischen intransitiv, im Deutschen aber transitiv:

parco tibi	ich schone **dich**
faveo tibi	ich begünstige **dich**
invideo tibi	ich beneide **dich**
persuadeo tibi	ich überrede/überzeuge **dich**
nubo tibi	ich heirate **dich**
studeo gloriae	ich strebe **nach** Ruhm

119 Transitiv oder intransitiv? Ordne die folgenden deutschen Verba in zwei Gruppen:

töten – sterben – laufen – schweigen – verschweigen – betrachten – entstehen – vernichten – streiten – gackern – lachen – schlafen – geschehen – nennen – finden – lehren – lernen – unterstützen – helfen

120 Welche der in Klammer stehenden Formen stimmt? Übersetze!

1. *Consul* .... *(legatos/legatis) venire iubet.*
2. *Semper* .... *(te/tibi) adiuvabo.*
3. *Milites Romani raro* .... *(hostes/a hostibus) fugerunt.*
4. *Iulia* .... *(Quintum/Quinto) nubere in animo habet.*
5. *Marcus* .... *(alios discipulos/aliis discipulis) invidet, qui a magistro numquam monentur.*
6. *Magister* .... *(discipulis/discipulos) dormire vetat.*

121 Was heißt:

1. *Iulia Marco nubit*
2. *hostes fugimus*
3. *vobis persuasimus*
4. *tacere iubemur*
5. *libertati studemus*
6. *adiuvabaris*
7. *hostibus parcitur*
8. *Cui faves?*
9. *Cantorix cantare vetatur*
10. *magister mihi pepercit*

20. KAPITEL PRÄPOSITIONEN (VORWÖRTER)

Präpositionen sind im Lateinischen entweder mit dem **Ablativ** oder dem **Akkusativ** verbunden. Einen „Sonderfall" stellen ***causa*** und ***gratia*** (= „wegen") dar, die dem **Genitiv** nachgestellt sind: Bei ihnen handelt es sich um keine echten Präpositionen, sondern ursprünglich um Ablative (*causa* eigtl. „durch den Grund" = „aufgrund", „wegen").

A PRÄPOSITIONEN MIT ABLATIV

a, ab	von	***cum***	mit
e, ex	von (... aus)	***sine***	ohne
de	von (... herab); über	***pro***	für; anstatt; im Verhältnis zu
		prae	vor

B PRÄPOSITIONEN MIT AKKUSATIV (AUSWAHL)

ad	zu, an, bei	***ob***	wegen
adversus	gegen	***per***	durch
ante	vor	***post***	nach; hinter
apud	bei	***praeter***	außer
circum	um (... herum)	***prope***	nahe bei
contra	gegen	***propter***	wegen
inter	zwischen; unter	***trans***	jenseits

C PRÄPOSITIONEN MIT AKKUSATIV ODER ABLATIV

Im Gegensatz zu allen anderen Präpositionen können ***in*** und ***sub*** mit zwei verschiedenen Fällen verbunden sein. Zur Unterscheidung der Bedeutungen musst du „wo?" oder „wohin?" fragen:

Frage „WO?" (► Punkt)		Frage „WOHIN?" (► Richtung)	
in + ABLATIV	in, auf, bei	***in*** + AKKUSATIV	in, nach, gegen
sub + ABLATIV	unter	***sub*** + AKKUSATIV	unter (... hin)

Exempla:

in Italia (Abl., „wo?") ► **in** Italien
in Italiam (Akk., „wohin?") ► **nach** Italien
sub ponte (Abl., „wo?") ► unter **der** Brücke
sub pontem (Akk., „wohin?") ► unter **die** Brücke

(Zu den Bedeutungen der Präpositionen als Vorsilben siehe Seite 162!)

122 Setze das in Klammer stehende Nomen in den richtigen Fall und übersetze die Wortgruppe:

1. *a (magister)*
2. *ante (templum,* Pl.)
3. *apud (domus)*
4. *contra (hostis,* Pl.)
5. *de (pons)*
6. *inter (homo,* Pl.)
7. *trans (flumen)*
8. *per (via,* Pl.)
9. *ex (urbs)*
10. *cum (parentes)*
11. *pro (res publica)*
12. *ad (mare)*

123 *in* und *sub* mit Akkusativ oder Ablativ? Vergiss dabei nicht, zur Probe „wo?" bzw. „wohin?" zu fragen!

1. *Caesar in* .... *(Gallia) proficisci in animo habuit.*
2. *Postquam multum vini bibi, sub* .... *(pons) dormio.*
3. *Liberi in* .... *(schola) contendunt.*
4. *Hercules sub* .... *(terra) isse dicitur.*
5. *Aestatem in* .... *(Graecia) agere solemus.*
6. *In* .... *(summi montes) cruces magnae positae sunt.*
7. *Lupus in* .... *(silva) fugit.*

VERBUM IM SATZ

21. KAPITEL – GENERA VERBI (ZUSTANDSFORMEN DES VERBS)

Im Deutschen und im Lateinischen gibt es zwei Genera (Zustandsformen) des Verbs:

■ **Aktiv**
(Tätigkeitsform ► Ich tue etwas)

■ **Passiv**
(Leideform ► Mit mir geschieht etwas)

Im Lateinischen gibt es zusätzlich noch ein drittes Genus verbi, das **Medium**. Dieses steht in der Mitte (= lat. *medium*!) zwischen Aktiv und Passiv. Es weist dieselben **Endungen wie das Passiv** auf, wird aber **reflexiv** (= rückbezüglich) übersetzt:

■ **Medium**
(► Ich tue etwas, was mich selbst betrifft)

NOTA BENE

Nicht alle Passivformen können tatsächlich medial übersetzt werden. Hier einige Beispiele, in denen die mediale Übersetzung möglich ist:

	passive Übersetzung	mediale Übersetzung
delector	ich werde erfreut	ich erfreue **mich**
fallor	ich werde getäuscht	ich täusche **mich**
moveor	ich werde bewegt	ich bewege **mich**

!

Das Passiv der 3. P. Sg. intransitiver Verba (siehe Seite 98) kannst du auch mit **„man"** übersetzen:

curritur = („es wird gelaufen" ►) **man** läuft

124 **Auch im Deutschen ist es nicht immer auf den ersten Blick klar, ob eine Form aktiv oder passiv ist. Bestimme bei den folgenden Verben, ob sie aktiv oder passiv sind, und gib die Zeit an! Vergiss nicht, die Probe zu machen:**

- „ich tue etwas" ▶ Aktiv (A)
- „mit mir geschieht etwas" ▶ Passiv (P)

1. du wirst gelobt (A/P); Zeit: ....
2. du wirst loben (A/P); Zeit: ....
3. sie wurden eingeladen (A/P); Zeit: ....
4. es wird betrachtet (A/P); Zeit: ....
5. wir werden erkennen (A/P); Zeit: ....
6. ihr werdet erwartet (A/P); Zeit: ....
7. sie werden erkannt werden (A/P); Zeit: ....
8. zu sehen (A/P); Form: ....
9. gesehen worden zu sein (A/P); Form: ....

125 **Übersetze die folgenden Wortgruppen sowohl passiv als auch medial:**

1. *libris delectamur*
2. *saepe falleris*
3. *mutati sumus*
4. *pueri lavantur*
5. *pecunia augetur*
6. *pauci servabantur*

126 **Übersetze die folgenden Sätze:**

1. *in theatrum itur*
2. *ad Britanniam ventum est*
3. *clamabatur*
4. *summis viribus certatur*
5. *ad novam discipulam concursum est*
6. *per fenestram spectabatur*

22. KAPITEL TEMPORA (ZEITEN)

A PRÄSENS (GEGENWART)

Es wird im Allgemeinen **wie im Deutschen** gebraucht. Häufiger als im Deutschen findet es aber auch Verwendung als

- **Historisches Präsens**: Bei diesem handelt es sich um ein Stilmittel, das Erzählungen anschaulicher oder spannender macht. Es kann im Deutschen mit dem **Präteritum** oder ebenfalls mit dem **Präsens** wiedergegeben werden:

  *Dormiebamus. Subito magister **clamat**.* = Wir schliefen. Plötzlich **brüllt** (**brüllte**) der Lehrer.

Ähnliche Funktion wie das historische Präsens hat der **historische Infinitiv**, der ein Prädikat ersetzt (im Deutschen: Präteritum!):

*Tum mater **orare*** (statt ***oravit***), *ut fugerem.* = Dann **bat** (mich) die Mutter zu fliehen.

B FUTUR 1 (ZUKUNFT)

Das lateinische Futur drückt wie im Deutschen eine **zukünftige Handlung** aus.

- **„Parallelfutur":** Steht im Lateinischen ein Hauptsatz im Futur und ist der Nebensatz gleichzeitig, muss in diesem Nebensatz ebenfalls Futur stehen. Im Deutschen kann man hingegen das **Präsens** verwenden:

  *Gaudebo, si me **visitabis**.* (Futur!) = Ich werde mich freuen, wenn du mich **besuchst**. (Präsens!)

C FUTUR EXAKT (FUTUR 2, VORZUKUNFT)

Das Futur 2 drückt die **Vorzeitigkeit zu einer zukünftigen Handlung** aus, d. h., es bezeichnet die Zeit, die zwischen der Gegenwart und der Zukunft liegt. Es wird im Deutschen mit dem **Präsens** oder **Perfekt** übersetzt:

*Cum Romam **venero**, tibi scribam.* = Wenn ich nach Rom **komme** (**gekommen bin**), werde ich dir schreiben.

Im **Deutschen** hat das Futur 2 eine ganz andere Funktion: Es drückt meist eine **Vermutung** aus:

Fritz liegt mit Bauchschmerzen im Bett; seine Mutter sagt: „Er wird etwas Schlechtes gegessen haben!" (► vermutlich hat er etwas Schlechtes gegessen)

Zum besseren Umgang mit „Zeitverhältnissen" solltest du dir die folgende **„Zeitleiste"** gut einprägen:

* Perfekt und Imperfekt sind „gleich weit" vom Präsens entfernt, drücken aber Unterschiedliches aus (vgl. Seite 106):

- **Perfekt** ▶ einmalige Handlung
- **Imperfekt** ▶ mehrmalige oder länger andauernde Handlung

127 **Um welche Zeiten handelt es sich? Ordne die folgenden Verba aufsteigend vom Plusquamperfekt bis zum Futur! (Achtung: Es sind auch Passivformen enthalten!)**

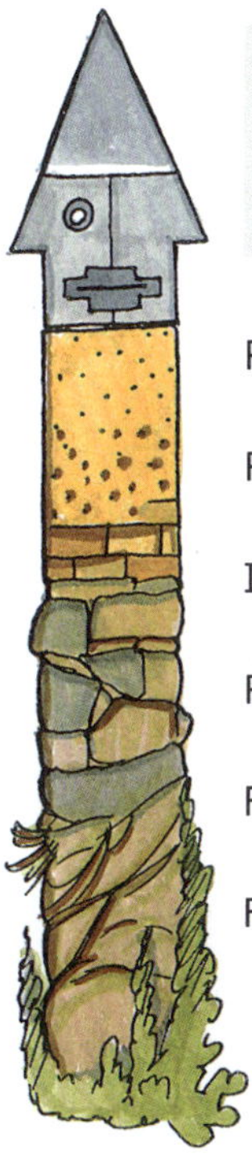

sie waren – ihr werdet euch getäuscht haben –
er war ertappt worden – sie werden erkannt –
du wirst staunen – du wirst geküsst – sie hatte –
es ist gewesen – sie sind – ich werde jubeln

Plqpf.: ....

Perfekt: ....

Impf.: ....

Präsens: ....

Futur 2: ....

Futur: ....

D IMPERFEKT (MITVERGANGENHEIT) UND PERFEKT (VERGANGENHEIT)

Beide Zeiten bezeichnen im Lateinischen vergangene Ereignisse, die vom Präsens gleich weit „entfernt" sind (siehe die Zeitleiste auf Seite 105), bringen jedoch Unterschiedliches zum Ausdruck:

	LAT. IMPERFEKT	LAT. PERFEKT
Was drückt die Zeitaus?	a) wiederholte Handlung b) länger dauernde, nicht abgeschlossene Handlung	einmalige Handlung (= Erzählzeit*!)
Graphische Entsprechung?	Zeit**dauer** (Linie: —)	Zeit**punkt** (Punkt: •)
Wiedergabe im Deutschen?	Präteritum	Präteritum/Perfekt*

* In der deutschen Normsprache ist das **Präteritum** die Erzählzeit!
(In der Umgangssprache wird hingegen das **Perfekt** verwendet.)

Den Unterschied zwischen den beiden Zeiten im Lateinischen zeigt der folgende Satz:

Dormiebam*; subito magister* ***intravit****.* = Ich schlief; plötzlich trat der Lehrer ein.

▼ ▼

Imperfekt ► dauernd **Perfekt** ► einmal

■ **Präsentisches Perfekt:** Einige Verben haben Perfektformen, aber Präsensbedeutung:

odi, odisse = ich hasse
novi, novisse = ich kenne
consuevi, consuevisse = ich bin gewohnt
memini, meminisse = ich erinnere mich

■ **Imperfectum de conatu:** Das Imperfekt kann auch einen **Versuch** ausdrücken:

Puellam ***basiabam****, sed irata me prohibuit.*
= Ich **wollte** das Mädchen **küssen**, doch es hielt mich erbost davon ab.

E PLUSQUAMPERFEKT (VORVERGANGENHEIT)

Es drückt, wie im Deutschen, die **Vorzeitigkeit zu einer vergangenen Handlung** aus:

Aeneas, qui Troia ***fugerat****, post multos annos in Italiam pervenit.*
= Äneas, der aus Troja **geflohen war**, gelangte viele Jahre später nach Italien. (► Zuerst floh er, dann kam er nach Italien.)

128 Kommt Zeit, kommt Rat!

Um dein Wissen über die lateinischen Zeiten nochmals zu überprüfen, musst du „Fehlerdetektiv“ spielen: In jedem der folgenden Sätze **kann** ein Fehler enthalten sein – finde ihn heraus und korrigiere ihn gegebenenfalls!

1. *Ein Futur in einem lateinischen Gliedsatz heißt Parallelfutur und kann als Präsens übersetzt werden.*

   RICHTIG/FALSCH (richtige Lösung: ....

   ....)

2. *Das Futur Exakt wird mit dem Präsens oder Perfekt wiedergegeben.*

   RICHTIG/FALSCH (richtige Lösung: ....

   ....)

3. *Das lateinische Perfekt drückt eine länger andauernde Handlung in der Vergangenheit aus und kann graphisch durch eine Linie wiedergegeben werden.*

   RICHTIG/FALSCH (richtige Lösung: ....

   ....)

4. *Das präsentische Perfekt ist ein Stilmittel, um eine Erzählung spannender zu machen, und wird mit dem Präsens übersetzt.*

   RICHTIG/FALSCH (richtige Lösung: ....

   ....)

5. *noverunt heißt „sie kennen“.*

   RICHTIG/FALSCH (richtige Lösung: ....

   ....)

6. *Die Erzählzeit ist im Lateinischen und im Deutschen das Imperfekt.*

   RICHTIG/FALSCH (richtige Lösung: ....

   ....)

23. KAPITEL ZEITVERHÄLTNIS

Im Lateinischen gibt es einige Verbalformen wie die Partizipia oder die Infinitive, die **keine bestimmte Zeit** (Präsens, Imperfekt, Perfekt etc.), sondern ein **Zeitverhältnis** zum Hauptverb des Satzes ausdrücken:

Verbform	Zeitverhältnis	Definition
Part. Präsens/ Inf. Präsens	▶ **gleichzeitig**	Die Handlung des Partizips/Infinitivs findet **zur selben Zeit** wie die des Hauptverbs statt.
Part. Perfekt/ Inf. Perfekt	▶ **vorzeitig**	Die Handlung des Partizips/Infinitivs hat **vor** der des Hauptverbs stattgefunden.
Part. Futur/ Inf. Futur	▶ **nachzeitig**	Die Handlung des Partizips/Infinitivs wird **nach** der des Hauptverbs stattfinden.

NOTA BENE

Der Begriff „Zeitverhältnis" spielt auch bei der *Consecutio temporum* eine wichtige Rolle. Dort gibt die Art des Konjunktivs das Zeitverhältnis zwischen Glied- und Hauptsatz an (siehe Seite 140).

Da ein Partizip (im Participium coniunctum oder Ablativus absolutus, vgl. Seite 118 ff.) oder ein Infinitiv (im ACI oder NCI, vgl. Seite 112 ff.) bei der Übersetzung meist zu einem deutschen Prädikat umgeformt wird, gilt:

Die Zeit, mit der ein Partizip/ein Infinitiv im Deutschen wiedergegeben wird, ergibt sich a) aus der **Zeit des übergeordneten Prädikats** und b) aus dem **Zeitverhältnis,** das durch den Infinitiv bzw. das Partizip zum Ausdruck gebracht wird!

VORZEITIGKEIT
Perfekt
Präsens
DURCH-
STARTEN
Vorzeitigkeit heißt, dass die Nebenhandlung eine Stufe links von der Haupthandlung liegt!

GLEICHZEITIGKEIT
Perfekt
Präsens
DURCH-
STARTEN
Gleichzeitigkeit heißt, dass Haupt- und Nebenhandlung auf derselben (Zeit-) Stufe liegen!

NACHZEITIGKEIT
Präsens
Futur
DURCH-
STARTEN
Nachzeitigkeit heißt, dass die Nebenhandlung eine Stufe rechts von der Haupthandlung liegt.

1 Beispiele zum Participium coniunctum:

Vir dormiens *stertit.* = Der Mann, der **schläft**, schnarcht.

P. Präsens (glz.) + Präsens ──► **PRÄSENS**

Vir dormiens *stertebat.* = Der Mann, der **schlief**, schnarchte.

P. Präsens (glz.) + Imperfekt ──► **IMPERFEKT**

Vir excitatus *surgit.* = Der Mann, der **geweckt worden ist**, steht auf.

P. Perfekt (vz.) + Präsens ──► **PERFEKT**

Vir excitatus *surrexit.* = Der Mann, der **geweckt worden war**, stand auf.

P. Perfekt (vz.) + Perfekt ──► **PLUSQUAMPERFEKT**

2 Beispiele zum ACI:

Marcus dicit se aegrum esse. = Markus sagt, dass er krank **ist.**

Präsens + Inf. Präsens ──► **PRÄSENS**

Marcus dicit se aegrum fuisse. = Markus sagt, dass er krank **gewesen ist.**

Präsens + Inf. Perfekt ──► **PERFEKT**

Marcus dicit se aegrum futurum esse. = Markus sagt, dass er krank **sein wird.**

Präsens + Inf. Futur ──► **FUTUR**

129 *O tempora, o zores!*

Anhand des folgenden Fragebogens kannst du testen, ob du in Sachen Zeitverhältnis schon sattelfest bist!

1. *Das lateinische Partizip Perfekt muss manchmal mit dem Plusquamperfekt wiedergegeben werden.*

   RICHTIG/FALSCH (richtige Lösung: ....

   ....)

2. *Die Zeit, die die Nachzeitigkeit zum Präsens ausdrückt, ist das Futur.*

   RICHTIG/FALSCH (richtige Lösung: ....

   ....)

3. *Ein vorzeitiger ACI ist am Infinitiv Futur zu erkennen.*

   RICHTIG/FALSCH (richtige Lösung: ....

   ....)

4. *Perfekt und Imperfekt sind für das Zeitverhältnis gleichwertige Zeiten.*

   RICHTIG/FALSCH (richtige Lösung: ....

   ....)

5. *Im Satz „Nachdem ich zwei Bier getrunken hatte, machte mir die Latein-Hausübung viel mehr Spaß" ist der Gliedsatz vorzeitig zum Hauptsatz.*

   RICHTIG/FALSCH (richtige Lösung: ....

   ....)

6. *Im Satz „Ich hoffe, dass ich morgen wieder aufrecht stehen kann" ist der Gliedsatz gleichzeitig zum Hauptsatz.*

   RICHTIG/FALSCH (richtige Lösung: ....

   ....)

24. KAPITEL | INFINITIVKONSTRUKTIONEN

A ACCUSATIVUS CUM INFINITIVO (ACI)

Der ACI ist die Verbindung eines **Akkusativs** mit einem **Infinitiv**:

Audio	*patrem*	*stertere.*
Ich höre	den Vater	schnarchen.
	▼	▼
	AKKUSATIV	INFINITIV

1 Wann steht der ACI?

Der ACI ist nicht, wie im Deutschen, auf *Verba sentiendi* (Verba der Wahrnehmung, zB „hören", „sehen" ...) beschränkt, sondern steht auch

- nach sogenannten *Verba dicendi* (Verben des Sagens);
- nach „unpersönlichen" Ausdrücken (nur in der 3. P. Sg.);
- nach manchen Verben des Begehrens.

Am besten stellst du dir vor, dass es sich bei den meisten dieser Verba um solche handelt, die eine „Tätigkeit des Kopfes" zum Ausdruck bringen!

2 Wie wird der ACI übersetzt?

Ein ACI kann nur selten – wie im Beispiel oben – wörtlich übersetzt werden, meist wird er durch einen mit **„dass"** eingeleiteten Gliedsatz wiedergegeben. Dabei wird der Akkusativ zum Subjekt (daher der Name „Subjektsakkusativ"), der Infinitiv zum Prädikat:

lat. ACI:	*Scio*	–	*patrem*	*stertere.*
			Subjektsakkusativ	Infinitiv
			▼	▼
dt. Gliedsatz:		„dass"	Nominativ	Prädikat
	Ich weiß,	dass	der Vater	schnarcht.

130 Bei welchen der angeführten Sätze ist neben dem „dass"-Satz auch eine wörtliche Übersetzung möglich?

1. *Audisne magistrum de imperio Romano dicere?*
2. *Magister nobis narravit Romanos a rege Pyrrho superatos esse.*
3. *Viros Romanos totum diem in foro fuisse cognovimus.*
4. *Puerum de ponte desilire vidi.*
5. *Imperator sensit hostes summis viribus pugnare.*
6. *Minotaurum a Theseo occisum esse scimus.*
7. *Magister nos de provinciis Romanis narrare iussit.*
8. *Romani putaverunt se dominos totius orbis esse.*
9. *Gaudeo ferias adesse.*
10. *Quis nescit Tantalum propter sua facinora magnam poenam persolvisse?*

131 Forme die folgenden Sätze zu einem ACI um, indem du sie von dem in Klammer stehenden Verbum abhängig machst. Achte dabei auf das Zeitverhältnis, das sich aus der Zeit des Prädikats ergibt (Perfekt + Imperfekt → vorzeitig/Inf. Perfekt, Präsens → gleichzeitig/Inf. Präsens, Futur → nachzeitig/Inf. Futur):

Exemplum: *Librum legis. (video) = Du liest ein Buch. (ich sehe)* ▸
Video te librum legere. = Ich sehe, dass du ein Buch liest.

1. *Multi milites occisi sunt. (constat)*
2. *Polyphemus ab Ulixe vulneratus est. (scimus)*
3. *Urbs Roma a Romulo condita est. (legi)*
4. *Mox amici venient. (speramus)*
5. *Troia dolo capta est. (cognovi)*
6. *Frater a parentibus in scholam missus est. (puto)*
7. *Graeci decem annos Troiam oppugnabant. (apud Homerum legistis)*
8. *Imperator celeriter eo veniet. (legatus nuntiavit)*
9. *Graeci media nocte ex equo desiluerunt. (Homerus poeta narrat)*
10. *Hannibal cum elephantis per Alpes iter in Italiam fecit. (magister narravit)*

3 Was drückt der Infinitiv im ACI aus?

Die Art des Infinitivs im ACI gibt das **Zeitverhältnis** zum übergeordneten Verbum wieder (siehe Seite 108 ff.):

Infinitiv Präsens	▸	**gleichzeitig (glz.)**
Infinitiv Perfekt	▸	**vorzeitig (vz.)**
Infinitiv Futur	▸	**nachzeitig (nz.)**

Außerdem ist aus der Art des Infinitivs zu erkennen, ob die Handlung **aktiv** (A) oder **passiv** (P) ist:

Lateinisch	Infinitiv	Deutsch
Constat Romanos		**Es steht fest, dass die Römer**
vincere	Präsens A	siegen (glz., A)
vinci	Präsens P	besiegt werden (glz., P)
vicisse	Perfekt A	gesiegt haben (vz., A)
victos esse*	Perfekt P	besiegt worden sind (vz., P)
victuros esse*	Futur A	siegen werden (nz., A)

* Der passive Perfekt- und der aktive Futurinfinitiv werden in Fall, Zahl und Geschlecht mit dem Subjektsakkusativ (hier: *Romanos*) übereingestimmt.

4 Was bedeutet *se* (= *sese*) im ACI?

Steht in einem ACI das reflexive (rückbezügliche) Personalpronomen (*sui, sibi, se*, vgl. Seite 36), bezieht es sich meist auf das Subjekt des Verbums, von dem der ACI abhängt (sog. **indirektes Reflexiv**). ***Se*** *(= sese)* wird daher nicht mit „sich“, sondern mit **„dass er/sie“** übersetzt (dementsprechend ist *sibi* mit „ihm“/„ihr“ (Sg.) bzw. „ihnen“ (Pl.) wiederzugeben):

Socrates scivit ***se*** *nihil scire.* = Sokrates wusste, **dass er** nichts wusste.

Claudia putat ***se*** *omnia scire.* = Claudia glaubt, **dass sie** alles weiß.

Multi putant ***se*** *omnia scire.* = Viele glauben, **dass sie** alles wissen.

(Zum **ACI im Relativsatz** siehe Seite 149.)

132 Welcher Infinitiv ist der richtige? Finde aus den drei angegebenen Varianten die einzig mögliche heraus!

1. *Quis nescit Romam a Romulo* .... *(conditum esse/condere/conditam esse)?*

2. *Imperator intellexit milites suos a hostibus* .... *(superare/superari/superavisse).*

3. *Constat Alexandrum Magnum magnas partes Asiae* .... *(occupatas esse/occupari/occupavisse).*

4. *Imperatori nuntiatum est legionem Romanam gravem cladem* .... *(acceptam esse/accepturam esse/accepisse).*

5. *Scimus Homerum poetam iam antiquis temporibus clarissimum* .... *(esse/fuisse/futurum esse).*

6. *Apud Vergilium legimus Didonem ab Aenea Carthagine* .... *(relinquere/relictam esse/relicturam esse).*

NOTA BENE

Die Subjektsakkusative ***eum/eam*** (Sg.) bzw. ***eos/eas*** (Pl.) beziehen sich – im Gegensatz zu ***se*** – nicht auf das übergeordnete Subjekt, sondern auf eine andere Person, die nicht Subjekt im Satz ist:

Xanthippe, uxor Socratis, dicebat ***eum*** *nihil scire.*

Xanthippe, die Frau des Sokrates, sagte, dass **er** nichts wisse.

133 Zeichne jeweils einen Pfeil vom Personalpronomen zum Bezugswort ein und übersetze:

1. *Socrates ipse semper dicebat se nihil scire.*
2. *Croesus putabat se beatissimum hominem esse.*
3. *Quidam homines se numquam erravisse neque umquam erraturos esse putant.*
4. *Cornelius parentibus dicit se pensum optime fecisse; at magister iis narrat pensum pessimum fuisse.*
5. *Hostes se obsides daturos esse polliciti sunt.*
6. *Romulus, frater Remi, intellexit se ab eo offensum esse.*

B NOMINATIVUS CUM INFINITIVO (NCI)

Der NCI ist die Verbindung eines **Nominativs** mit einem **Infinitiv**:

Pater	*videtur*	***dormire.***
Vater	scheint	**zu schlafen.**
▼		▼
NOMINATIV		**INFINITIV**

1 Wann steht der NCI?

Der NCI steht bei bestimmten Wörtern, die im Aktivum den ACI verlangen:

in allen Personen:	
videor (videris, videtur ...)	**= ich scheine = es scheint, dass ich ...**
dicor (diceris, dicitur ...)	**= ich soll (angeblich) = man sagt, dass ich ...**
*existimor, putor, credor**	**= man glaubt, dass ich ...**
iubeor/vetor	**= mir wird befohlen/verboten (zu ...)**
nur in der 3. P. Sg. + Pl.:	
fertur/feruntur *traditur/traduntur*	**= man berichtet, dass er/sie ...**

* vgl. im Englischen: *He is believed to be crazy.*

2 Welche Übersetzungsmöglichkeiten gibt es für den NCI?

Außer der wörtlichen sind auch andere, freiere Übersetzungen möglich:

Pater dormire videtur. =

1. Vater **scheint** zu schlafen.
2. **Es scheint, dass** Vater schläft.
3. **Anscheinend** schläft Vater.
4. Vater schläft, **wie es scheint**.

Nero Romam incendisse dicitur. =

1. Nero **soll** Rom angezündet haben.
2. **Man sagt, dass** Nero Rom angezündet hat.
3. **Angeblich** hat Nero Rom angezündet.
4. Nero hat – **wie man sagt** – Rom angezündet.

134 Übersetze die folgenden NCI auf jeweils zumindest zwei Arten:

1. *Romulus Remum occidisse dicitur.*
2. *Iam multa de bello Troiano audivisse videmini.*
3. *Aeneas auctor populi Romani fuisse creditur.*
4. *Beata esse non videris.*
5. *Theseus auxilio Ariadnae Minotaurum occidisse fertur.*
6. *Comites Ulixis a Circe in animalia mutati esse traduntur.*
7. *Delphini inter animalia prudentissima esse putantur.*
8. *Polyphemus magna copia vini superatus esse fertur.*
9. *Pyrrhus rex Romanos auxilio elephantorum vicisse dicitur.*
10. *Iulia a Marco amari videtur.*

Steht bei *dici* bzw. *videri* kein Infinitiv, gelten die normalen Bedeutungen:

videor → (+ Inf.:) ich scheine / ich werde gesehen

dicor → (+ Inf.:) ich soll / ich werde genannt

135 Wandle die folgenden Sätzen in NCI um, indem du sie von den in Klammer stehenden Verba abhängig machst. (Nota bene: Die Art des Infinitivs ergibt sich aus der Zeit des Verbums: Präsens → gleichzeitig/Inf. Präsens, Perf./Imperf. → vorzeitig/Inf. Perfekt)!

1. *Ulixes Polyphemum auxilio vini superavit. (fertur)*
2. *Dido ab Aenea relicta est. (traditur)*
3. *Romulus et Remus ab avunculo malo expositi sunt. (feruntur)*
4. *Hannibal magnis cum copiis per Alpes iit. (dicitur)*
5. *Romulus primus rex Romanorum fuit. (putatur)*
6. *Legiones Romanae in Germania victae sunt. (traduntur)*
7. *Romulus post mortem ad deos iit. (dicitur)*
8. *Cornelia a multis pueris amatur. (videtur)*
9. *Iulius quendam librum summo studio legit. (videtur)*
10. *Multos libros legis. (videris)*
11. *Multos libros legisti. (videris)*
12. *Equus Troianus ab Ulixe inventus est. (dicitur)*

25. KAPITEL PARTIZIPKONSTRUKTIONEN

A PARTICIPIUM CONIUNCTUM

Unter dem Participium coniunctum (PC, „verbundenes Partizip") versteht man ein Partizip (meist Präsens oder Perfekt), das

- **mit einem Nomen** in einem beliebigen Fall (Bezugswort) **übereingestimmt** ist;
- nicht unmittelbar neben diesem Nomen steht, sondern eine **Sperrung** (Klammer) bildet:

Pater *bene* ***dormiens*** *stertit.*

1. F. Sg. **Partizip 1. F. Sg.**

1 Wie wird ein Participium coniunctum übersetzt?

Ein PC wird in der Regel **nicht wörtlich** übersetzt, sondern zu einem eigenen Satz aufgelöst; das lateinische Partizip wird daher im Deutschen zum Prädikat dieses Satzes:

Übersetzungsmöglichkeiten für das PC		
Wiedergabe als:	Übersetzung:	grammatikalische Bezeichnung:
Gliedsatz	**„der", „die", „das"**	relativ (bezüglich)
	„als", „nachdem"*, „während"**	temporal (zeitlich)
	„weil"	kausal (begründend)
	„obwohl"	konzessiv (einräumend)
	„wenn"	konditional (bedingend)
	„indem"**	modal (erklärend)
Hauptsatz	**„und"**	beiordnend
Vorwort + Substantiv	**„bei", „nach"** etc.	Präpositionalausdruck

* nur bei Vorzeitigkeit (Partizip Perfekt) ** nur bei Gleichzeitigkeit (Partizip Präsens)

2 Welche Rolle spielt die Art des Partizips bei der Übersetzung?

Von der Art des Partizips hängt es ab, ob das Prädikat des deutschen Satzes aktiv oder passiv bzw. gleich-, vor- oder nachzeitig ist:

	Erkennungszeichen	Eigenschaften
Partizip Präsens	***-ns, -ntis*** (Dritte Dekl.)	aktiv + gleichzeitig
Partizip Perfekt	***-tus/-sus*** **3** (o-Dekl.)	passiv* + vorzeitig
Partizip Futur	***-urus*** **3** (o-Dekl.)	aktiv + nachzeitig

* bei Deponentia: aktiv!

136 Unterstreiche das PC und übersetze es durch mehrere sinnvolle Nebensatzarten. (TIPP: Als Erstübersetzung bewährt sich meistens der Relativsatz!)

1. *Quidam pastor Romulum Remumque ab avunculo expositos invenit atque servavit.*
2. *Bacchus Ariadnam a Theseo in insula relictam in matrimonium duxit.*
3. *Romani a Pyrrho rege superati tamen victores erant.*
4. *Hannibal legiones Romanas fortissime pugnantes multis proeliis vicit.*
5. *Per silvam ambulantes lupum malum vidimus.*

137 Was hat der Untergang Trojas mit dem Participium coniunctum zu tun? Viel, wenn du die Zahl der PCs in den folgenden Sätzen betrachtest!

1. *Graeci Troianos summis viribus pugnantes decem annos vincere non potuerunt.*
2. *Tum dolo Ulixis commoti equum ligneum aedificare constituerunt.*
3. *Ubi Troiani equum a Graecis in litore relictum conspexerunt, eum donum Minervae putantes in urbem duxerunt.*
4. *Postquam equus in urbe collocatus est, Troiani summo gaudio affecti vino se dederunt.*
5. *Itaque Graeci, qui equum nocte clam reliquerant, Troianos dormientes facile superaverunt.*
6. *Solus Aeneas cum paucis sociis urbem a Graecis vastatam reliquit et nave Italiam petivit.*

! Steht ein Participium coniunctum im **Nominativ**, ist oft die **beiordnende** Auflösung günstig:

*Aeneas Troia (Abl.) **egressus** Italiam nave petivit.* ▶ Äneas verließ Troja und suchte mit dem Schiff Italien auf.

138 Löse die Partizipia beiordnend (d.h. mit „und“) auf! (Beachte dabei, dass Partizipia von Deponentia auch als Perfektpartizipia aktiv sind!)

1. *Milites ab hostibus capti occisi sunt.*
2. *Caesar milites cohortatus ipse in proelium profectus est.*
3. *Iulia a parentibus excitata mox villam reliquit.*
4. *Milites Romani mane a castris profecti post tres horas hostes conspexerunt.*

3 Mit welcher Zeit muss ein PC im Deutschen wiedergegeben werden?

Die Zeit, mit der das Partizip eines PC wiedergegeben wird, ergibt sich a) aus der **Zeit des übergeordneten Prädikats** und b) dem **Zeitverhältnis**, das durch das Partizip zum Ausdruck gebracht wird (vgl. Seite 108 ff.):

Pater bene dormiens ***stertit.*** = Vater, der gut **schläft**, schnarcht.

▼ ▼ ▲

P. Präsens + Präsens ——► **Präsens**

Pater bene dormiens ***stertebat.*** = Vater, der gut **schlief**, schnarchte.

▼ ▼ ▲

P. Präsens + Imperfekt ——► **Imperfekt**

4 Wie finde ich die beste Übersetzungsmöglichkeit für ein PC?

Nicht immer eignen sich alle auf Seite 118 angeführten Übersetzungsvarianten. Welche die beste ist, ergibt sich jeweils aus dem **Kontext** (Zusammenhang)! Beim folgenden Beispiel passen mit Ausnahme der vierten alle Varianten:

Pater bene dormiens stertebat. =

1. Vater, **der** gut schlief, schnarchte.
2. **Als/während** Vater gut schlief, schnarchte er.
3. **Weil** Vater gut schlief, schnarchte er.
4. (**Obwohl** Vater gut schlief, schnarchte er.)
5. **Wenn** Vater gut schlief, schnarchte er.
6. **Indem** Vater gut schlief, schnarchte er.
7. Vater schlief gut **und** schnarchte.
8. **Während** des guten Schlafs schnarchte Vater.

! Als Erstübersetzung eignet sich meist der **Relativsatz**!

NOTA BENE

Auch das **Partizip Futur** kann als Participium coniunctum verwendet werden; es wird dann mit **„um zu"** übersetzt:

Plinius navem conscendit multis auxilium ***laturus.***
= Plinius bestieg ein Schiff, **um** vielen Hilfe **zu bringen**.

139 Caesar als PC-Profi!

In Cäsars *Commentarii de bello Gallico* wirst du dem Participium coniunctum auf Schritt und Tritt begegnen. Hier eine kleine Auswahl an Original-Cäsar-Sätzen:

1. *Dumnorix cupiditate regni adductus novis rebus studebat.*
2. *Hostes proelio superati statim ad Caesarem legatos de pace miserunt.*
3. *Imperator militibus, quos laborantes conspexerat, auxilia misit.*
4. *Discedens ab hibernis Caesar in Italiam legatis imperat, ut hieme naves aedificandas curarent.*
5. *Britanni paulum in aquam progressi in Romanos tela coniciebant.*
6. *Britanni e litore nonnullos Romanos e nave egredientes conspexerunt.*
7. *Haec cum (Diviciacus) flens a Caesare peteret, Caesar eius dextram prendit; consolatus rogat, (ut) finem orandi faciat.*

! Steht ein Partizip Perfekt **vor** dem Bezugswort, kannst du auch die **wörtliche** Übersetzung wählen:

His rebus ***adductus*** *Caesar profectus est.*

Durch diese Dinge (= dadurch) **veranlasst**, brach Cäsar auf.

140 Übersetze:

1. *His rebus adducti et auctoritate Orgetorigis permoti Helvetii constituerunt cum proximis civitatibus pacem facere.*
2. *Hac oratione adducti inter se ius iurandum dant.*
3. *Pulchritudine puellae vehementer commoti omnes pueri surrexerunt.*
4. *Oratione magistri fatigatus (fatigare = „ermüden“) postremo dormivi.*

141 Übersetze:

1. *Piscatores (piscator, -oris = „Fischer“) mane ad mare veniunt naves conscensuri.*
2. *Tabernam intravi vinum empturus.*
3. *Legati Romanorum Delphos venerunt oraculum consulturi.*
4. *Caesar in Aegyptum iter fecit Cleopatram adiuturus.*

B ABLATIVUS ABSOLUTUS

Ein Ablativus absolutus (Abl. abs., „losgelöster Ablativ") ist die Verbindung eines Nomens im Ablativ mit einem Partizip (Präsens oder Perfekt):

Patre	*cantante*	*fugio.*
▼	▼	
Ablativ	Partizip	
Abl. abs.		

Carmine	*finito*	*redeo.*
▼	▼	
Ablativ	Partizip	
Abl. abs.		

1 Wie wird ein Ablativus absolutus im Deutschen wiedergegeben?

Ein Abl. abs. darf **nicht wörtlich** (d. h. wie ein „normaler" Ablativ mit „durch", „mit" etc.) übersetzt werden, sondern wird in der Regel zu einem **Gliedsatz** umgeformt. Dabei gilt folgende Regel:

Lateinischer Abl. Abs.	--	*patre* **Ablativ**	*cantante* **Partizip**
		▼	▼
Deutscher Gliedsatz	**Bindewort** während (wenn ...)	**Subjekt** der Vater	**Prädikat** singt

Als Einleitung des deutschen Gliedsatzes können **dieselben Bindewörter wie beim PC** (siehe S. 118) verwendet werden (Ausnahme: kein **Relativsatz**, da ein Abl. abs. von keinem anderen Wort des Satzes abhängt, sondern *„absolutus"*, also „losgelöst", ist!):

Übersetzungsmöglichkeiten für den Abl. abs.		
Wiedergabe als:	Übersetzung:	grammatikalische Bezeichnung:
Gliedsatz	**„als", „nachdem"*, „während"****	temporal (zeitlich)
	„weil"	kausal (begründend)
	„obwohl"	konzessiv (einräumend)
	„wenn"	konditional (bedingend)
	„indem"**	modal (erklärend)
Vorwort + Substantiv	**„bei", „nach", „wegen"** (etc.)	Präpositionalausdruck

* nur bei Vorzeitigkeit (Partizip Perfekt) ** nur bei Gleichzeitigkeit (Partizip Präsens)

Beachte auch beim Abl. abs. die unterschiedlichen „Eigenschaften" der Partizipia:
- **Partizip Präsens ► aktiv + gleichzeitig**
- **Partizip Perfekt ► passiv* + vorzeitig**

* bei Deponentia: aktiv und vor- oder gleichzeitig!

142 Verwandle die folgenden Ablativi absoluti in Gliedsätze (verwende als Bindewort bei PPP „nachdem“, bei Partizip Präsens „während“):

Exempla: *magistro intrante* = **während** der Lehrer eintritt (eintrat*)
dato signo = **nachdem** ein Zeichen gegeben worden ist (worden war*)

(* Welche Zeit bei der Auflösung der Partizipia steht, hängt vom übergeordneten Prädikat ab, vgl. S. 108 f.)

1. *bello gesto*
2. *hostibus captis*
3. *me dormiente*
4. *liberis convocatis*
5. *exercitu victo*
6. *hac re audita*
7. *aestate appropinquante*
8. *nobis considentibus*
9. *hoste superato*
10. *litteris acceptis*
11. *magistro docente*
12. *periculo intellecto*

NOTA BENE

Ein Abl. abs. kann auch eine „Sperrung“ bilden, d. h. Wörter einschließen, die von dem Partizip abhängen:

Marco *de ponte* ***desiliente*** canis gaudet
= Während (weil, wenn...) Markus von der Brücke springt, freut sich der Hund.

143 Übersetze die Wortgruppen:

1. *Ariadna in insula relicta*
2. *urbe a hostibus occupata*
3. *paucis leges neglegentibus*
4. *puero ad flumen contendente*
5. *nobis periculum intellegentibus*
6. *castris summa celeritate factis*
7. *multis de hac re dubitantibus*
8. *Iulia litteras scribente*
9. *litteris Romam missis*
10. *Marco manus tollente*

2 Welche ist die beste Auflösungsmöglichkeit?

Wie auch beim PC musst du aus dem **Kontext** eines Satzes erkennen, welche Übersetzungsvarianten passen (bei den folgenden beiden Beispielen von Seite 122 sind die weniger gut passenden Varianten in Klammer gesetzt).

Patre cantante fugio. =

1. **Während/als** Vater singt, flüchte ich.
2. **Weil** Vater singt, flüchte ich.
3. (**Obwohl** Vater singt, flüchte ich.)
4. **Wenn** Vater singt, flüchte ich.
5. (**Indem** Vater singt, flüchte ich.)
6. **Beim** Gesang des Vaters flüchte ich.

Carmine finito redeo. =

1. **Nachdem/als** das Lied beendet ist, kehre ich zurück.
2. **Weil** das Lied beendet ist, kehre ich zurück.
3. (**Obwohl** das Lied beendet ist, kehre ich zurück.)
4. **Wenn** das Lied beendet ist, kehre ich zurück.
5. (**Indem** das Lied beendet ist, kehre ich zurück.)
6. **Nach** Ende des Liedes kehre ich zurück.

! Um nicht das Zeitverhältnis zu verwechseln, solltest du einen Abl. abs. mit **PPP** zunächst immer mit **„nachdem“**, einen Abl. abs. mit **Partizip Präsens** mit **„während“** wiedergeben!

3 „Sonderformen“ des Ablativus absolutus:

Statt eines Partizips können im Abl. abs. auch bestimmte prädikativ verwendete **Substantiva** oder **Adjektiva** stehen. Am besten, du lernst die folgenden Wortgruppen als Phrasen auswendig:

Caesare duce = (als C. Führer war =) unter Cäsars Führung
Romulo rege = (als R. König war =) unter König Romulus
imperatore Augusto = (als A. Kaiser war =) unter Kaiser Augustus
Cn. Pompeio, M. Crasso consulibus = (als Cn. P. und M. C. Konsuln waren =) unter dem Konsulat von Cn. Pompeius und M. Crassus

patre invito = (als Vater unwillig war =) gegen Vaters Willen
Hannibale vivo = (als H. lebendig war =) zu Lebzeiten Hannibals

144 Ablativus absolutus für absolute Profis!

Cäsar war nicht nur ein Profi in der Kriegsführung, sondern auch in der Verwendung des Ablativus absolutus. Damit auch du ein solcher wirst, unterstreiche in den folgenden Original-Cäsar-Sätzen den jeweiligen Abl. abs. und übersetze dann:

1. *Caesaris adventu cognito hostes proelium committunt.*
2. *His rebus confectis in Haeduos proficiscitur.*
3. *Volusenus perspectis regionibus omnibus quinto die ad Caesarem revertitur.*
4. *Consilio Caesaris cognito Britanni ad eum legatos miserunt.*
5. *His constitutis rebus Caesar equites naves conscendere iussit.*
6. *Legatis convocatis ostendit, quae fieri vellet.*
7. *Militibus cunctantibus is, qui aquilam ferebat, obtestatus est deos, ut ea res legioni feliciter eveniret.*
8. *Caesar exploratori mandat, uti exploratis omnibus rebus ad se revertatur.*
9. *Cognito eius consilio ad arma concurritur.*
10. *Fit hac re audita ex castris Gallorum fuga.*

! Einen **Abl. abs. mit PPP** kannst du, wenn es der Sinn erlaubt, auch **aktiv** übersetzen; das Subjekt des Hauptsatzes wird dann auch zum Subjekt des Gliedsatzes:

Caesar legatis auditis iratus erat.

STATT:
Nachdem die Gesandten **gehört worden waren** (Passiv), war Cäsar erzürnt.

BESSER:
Nachdem **Cäsar** die Gesandten **gehört hatte** (Aktiv), war er erzürnt.

145 Bei welchen der Sätze von Übung 144 lässt sich das PPP keinesfalls aktiv übersetzen?

146 Übersetze:

1. *Romulo rege Roma oppidum parvum fuit.*
2. *Me duce hunc montem ascendistis.*
3. *Imperatore Claudio Britannia provincia Romana facta est.*
4. *Nihil faciam te invito.*
5. *Parentibus invitis in flumine navigavimus.*

26. KAPITEL | GERUNDIUM

Das Gerundium ist ein **Verbalsubstantiv** und entspricht dem **hauptwörtlich gebrauchten Zeitwort** im Deutschen. Es ersetzt die Fälle des aktiven Präsensinfinitivs.

1 Woran erkenne ich ein Gerundium?

- An den Buchstaben -***nd***- (eingefügt an den Präsensstamm)
- An den Endungen der **o-Deklination neutrum Sg.** (siehe Seite 74)
- Daran, dass es **alleine steht**, d.h. nicht mit einem Nomen übereingestimmt ist

2 Wie übersetze ich ein Gerundium?

Ein Gerundium wird meist wie ein hauptwörtlich gebrauchtes Verb übersetzt:

Nominativ	*(dormire)*	zu schlafen; das Schlafen
Genitiv	*dormi**endi***	des Schlafens
Dativ [selten]	*dormi**endo***	dem Schlafen
Akkusativ	*ad dormi**endum***	zum Schlafen; um zu schlafen
Ablativ	*dormi**endo*** *in dormi**endo***	durch das Schlafen beim Schlafen

3 Wie kommt das Gerundium am häufigsten vor?

Sehr oft hat das Gerundium **finale** Bedeutung. Es ist dann mit ***ad*** (+ Akkusativ) und ***causa*** (dem Genitiv nachgestellt) verbunden und wird mit **„um zu"** oder **„wegen"** übersetzt:

ad dormiendum (= dormiendi causa) → um zu schlafen
→ wegen des Schlafens

Der Ablativ hat mitunter die **Funktion eines Präsenspartizips:**

Dormiendo *diem ago.* = (Ich verbringe den Tag durch Schlafen. =)
Ich verbringe den Tag **schlafend.**

(Vgl. das Italienische, wo es kein Partizip Präsens gibt: ***Dormiendo*** *passo il giorno.*)

Das lateinische Gerundium kann **durch Adverbia oder Objekte erweitert** sein:

bene dormiendo = (durch gut Schlafen =) durch gutes Schlafen
libros legendo = (durch das Lesen von Büchern =) durch das Bücherlesen

147 Übersetze:

1. *constituendi causa*
2. *ad scribendum*
3. *inveniendi causa*
4. *neglegendo*
5. *in eundo*
6. *bibendi causa*
7. *in occupando*
8. *ad parandum*
9. *iuvandi causa*
10. *mittendi*
11. *dando*
12. *in tollendo*
13. *ad spectandum*
14. *videndo*

Verwechslungsgefahr:

causa ist nicht nur Präposition, sondern auch Substantiv (*causa, -ae* = „Grund"; „Angelegenheit")!

- *rogandi causa* = um zu fragen (▶ *causa* = **Präposition**)
- *causa rogandi* = der Grund zu fragen (▶ *causa* = **Substantiv**)

148 Übersetze:

1. *in recte scribiendo*
2. *pacem restituendo*
3. *nihil agendo*
4. *ad fortiter pugnandum*
5. *beate vivendi causa*
6. *reddendo captivos*
7. *ad diligenter discendum*
8. *celerrime currendo*
9. *ad nihil faciendum*
10. *bene scribendo*
11. *cupiditas imperandi*
12. *ars amandi*
13. *studium libros legendi*

27. KAPITEL GERUNDIV

Das Gerundiv weist als Merkmal ebenso wie das Gerundium die Buchstaben -***nd***- auf, ist aber im Gegensatz zum Gerundium ein **Verbaladjektiv,** d. h., es ist wie ein Adjektiv mit einem Nomen **übereingestimmt** und kann daher alle Formen eines Adjektivs der **a-/o-Deklination** annehmen:

*ama**nd**us 3, lege**nd**us* 3, *accipie**nd**us* 3 (etc., vgl. Seite 74)

Das Gerundiv wird in zwei verschiedenen Konstruktionen verwendet:

A DAS ATTRIBUTIVE GERUNDIV (GERUNDIVUM PRO GERUNDIO)

Es hat dieselbe Bedeutung **wie ein Gerundium mit Akkusativobjekt** (▶ diese Art des Gerundivs kommt also, wie das Gerundium, nur im 2. bis 6. Fall vor!).
Das Gerundiv steht dabei im **Fall des Gerundiums** und in der **Zahl des Objekts:**

Gerundium			attributives Gerundiv	
legendo	***libros***	=	***legendis***	***libris***
Gerundium im **Abl.** Sg. + Nomen im Akk. **Pl.**			Gerundiv + Nomen im **Abl. Pl.**	
= durch das Lesen von Büchern				

1 Welche Regel für die Übersetzung des attributiven Gerundivs gibt es?

Bestimme zuerst den Fall des Gerundivs und übersetze es dann wie ein Gerundium mit Objekt, d. h. entweder als **Infinitiv** oder als zusammengesetztes **Substantiv.**

Am häufigsten sind auch hier wieder, wie beim Gerundium, die finalen Konstruktionen mit ***ad*** und ***causa*** (vgl. Seite 126):

Merkliste: Übersetzung attributives Gerundiv		
2. F.	Sg. *tempus libri legendi* Pl. *tempus librorum legendorum*	die Zeit, ein Buch zu lesen die Zeit, Bücher zu lesen
	Sg. *libri legendi* ***causa*** Pl. *librorum legendorum* ***causa***	um ein Buch zu lesen um Bücher zu lesen
4. F.	Sg. ***ad*** *librum legendum* Pl. ***ad*** *libros legendos*	um ein Buch zu lesen um Bücher zu lesen
6. F.	Sg. *libro legendo* Pl. *libris legendis*	durch das Lesen eines Buches durch das Lesen von Büchern
	Sg. ***in*** *libro legendo* Pl. ***in*** *libris legendis*	beim Lesen eines Buches beim Lesen von Büchern

Der **Dativ** begegnet uns beim attributiven Gerundiv nur selten (zB bei Tacitus). Diese Konstruktion hat dann **finale Bedeutung:** zB *urbi condendae* = um die Stadt zu gründen.

149 Übersetze:

1. *ad bella gerenda*
2. *ad omnia cognoscenda*
3. *facultas belli gerendi*
4. *ad eas res faciendas*
5. *locus ad dormiendum idoneus*
6. *in petenda pace*
7. *ad te consulendum*
8. *ad capiendum cibum*
9. *in officiis observandis*
10. *occasio hostium vincendorum*
11. *tempus amici visitandi*
12. *cupiditas litterarum scribendarum*
13. *Propter anni tempus facultatem itineris faciendi non habui.*
14. *Mater cenae parandae causa domi mansit.*
15. *Numquam mihi tempus pensorum scribendorum est.*
16. *Iulius puellarum cognoscendarum cupidus est.*

150 Drücke den finalen Sinn sowohl durch *ad* als auch durch *causa* aus:

Exemplum:
um Mädchen kennen zu lernen → *ad puellas cognoscendas*
um Mädchen kennen zu lernen → *puellarum cognoscendarum causa*

1. um die Eltern zu unterstützen
2. um die Bücher zu verstecken
3. um Ruhm zu erwerben
4. um die Stadt zu gründen

B DAS PRÄDIKATIVE GERUNDIV („MÜSSEN-GERUNDIV“)

Diese Form des Gerundivs drückt aus, dass etwas **gemacht werden muss:**

laudandus = „ein zu Lobender“ = „einer, der **gelobt werden muss**“

Das prädikative Gerundiv ist meist daran zu erkennen, dass es mit einer Form des Hilfsverbs ***esse*** verbunden ist und gemeinsam mit diesem das Prädikat des Satzes (daher der Name „prädikativ“) bildet. Die Person, die etwas tun muss, steht dabei im Dativ (*dativus auctoris*):

Mihi	***liber***	***legendus***	***est.***
▼	▼	▼	▼
Dativus auctoris	Subjekt	Gerundiv +	Hilfsverb
		Prädikat	

1 Wie gebe ich ein prädikatives Gerundiv im Deutschen wieder?

Schritt 1: Übersetze zunächst das Gerundiv als **Infinitiv** (wie das ja auch bei Gerundium und attributivem Gerundiv meist möglich ist):

Mihi liber legendus est. = „Mir **ist** das Buch **zu lesen.**“

Schritt 2: Forme danach diese Hilfsübersetzung zu einem **„Muss“-Satz** um:

(„Mir **ist** das Buch **zu lesen.**“ ►) „Ich **muss** das Buch lesen.“

NOTA BENE

Ist das prädikative Gerundiv **verneint**, wird es mit **„nicht dürfen“** übersetzt (vgl. engl. *must not*):

In schola dormiendum non est.
= („In der Schule ist nicht zu schlafen.“ ►)
= In der Schule **darf** man **nicht** schlafen.

Merkliste: Übersetzung prädikatives Gerundiv	
Legendum est.	Man muss lesen.
Mihi legendum est.	Ich muss lesen.
Mihi hic liber legendus est.	Ich muss dieses Buch lesen.
Mihi hic liber legendus non est.	Ich darf dieses Buch nicht lesen.

151 Das Gerundiv – ein absolutes Muss!

1. *Marco amica visitanda non erat.*
2. *Discipulis semper discendum est.*
3. *Mihi aestate domi manendum erat.*
4. *Graecis Troia decem annos oppugnanda erat.*
5. *Hostibus tandem pax facienda erat.*
6. *Id faciendum non est.*
7. *Homines pauperes iuvandi sunt.*
8. *Romanis saepe cum Gallis pugnandum erat.*
9. *Medici omnibus suadent: „Post cenam ambulandum est!“*
10. *Magister, cum Marcum sub tabula dormientem videt, dicit: „Pueris cervisia* bibenda non est!“*

* *cervisia, -ae* = „Bier“

NOTA BENE

Das prädikative Gerundiv kann auch im **ACI** stehen:

Scio mihi cervisiam bibendam non esse.
= „Ich weiß, dass ich kein Bier trinken darf.“

152 Übersetze:

1. *Imperator Traianus persuasum habebat Christianos puniendos esse.*
2. *Apud Caesarem legimus militibus de nave in mare desiliendum fuisse.*
3. *Cato dicere solebat: „Ceterum censeo Carthaginem esse delendam!“*

NOTA BENE

curare + Gerundiv = **„lassen“** (+ Infinitiv)

Caesar, cum ad Rhenum venisset, ***pontem faciendum curavit.***
= Als Cäsar zum Rhein gekommen war, **ließ er eine Brücke bauen.**

	Zusammenfassung: Alle *nd*-Formen auf einen Blick!		
	Gerundium	**Gerundiv attributiv**	**Gerundiv prädikativ**
Merkmal	***-nd-***		
Wortart	Substantiv	Adjektiv	
Deklination	o-Dekl. (Sg. n.)	a-/o-Dekl. (Sg. + Pl., m./f./n.)	
Vorkommen	2.–6. Fall		1. (im ACI: 4.) Fall + Form von ***esse***
Übersetzung	Substantiv oder Infinitiv		(Inf. ►) „müssen“

28. KAPITEL SUPINUM

Zur Bildung der Supina siehe Seite 74.

A DAS SUPINUM AUF *-UM*

Das Supinum auf *-um* ist ein alter Richtungsakkusativ der u-Deklination und sieht aus wie ein PPP im 1. Fall Sg. n. Diese Form ist im Gegensatz zum PPP nicht deklinierbar:

salutatum, rogatum, missum etc.

Es steht **nach Verben der Bewegung** (zB *ire* „gehen“, *mittere* „schicken“, *venire* „kommen“) und hat **finale Bedeutung**, d. h., es drückt einen **Zweck** aus ▶ Übersetzung mit **„um zu“**:

spectatum venire	= kommen, um zu schauen
rogatum mittere	= schicken, um zu bitten
dormitum ire	= (gehen, um zu schlafen =) schlafen gehen

In Kombination mit dem passiven Infinitiv von *ire* wird das Supinum auf *-um* als **passiver Futurinfinitiv** gebraucht (*occupat**um iri**, lect**um iri**, capt**um iri*** etc.). Diese Form ist unveränderbar und kommt nur (selten) im ACI vor:

Spero hanc epistulam numquam a parentibus lectum iri.
= Ich hoffe, dass dieser Brief niemals von meinen Eltern gelesen werden wird.

B DAS SUPINUM AUF *-U*

Das Supinum auf *-u* ist ein alter Dativ der u-Deklination (vgl. *cornu*), sieht aber wie ein PPP mit der Endung *-u* aus:

dictu, auditu etc.

Es steht **nach Adjektiven, die eine Bewertung ausdrücken** (zB *facilis* „leicht“, *difficilis* „schwer“, *iucundus* „angenehm“ etc.), und bestimmt diese näher ▶ Übersetzung mit **„zu“**:

facile/difficile factu	= leicht/schwer zu tun
incredibile auditu	= unglaublich zu hören
iucundum visu	= angenehm zu sehen
horribile dictu	= schrecklich zu sagen

153 Übersetze:

1. *Multi homines ludos spectatum in amphitheatrum ierunt.*
2. *Galli legatos mittunt rogatum auxilium.*
3. *Legati ad Caesarem veniunt gratulatum.*
4. *Legati missi sunt Apollinem consultum.*
5. *Dormitum eamus!*
6. *Puellae in theatrum spectatum veniunt, veniunt, ut spectentur ipsae.*

154 Übersetze:

1. *iucundum cognitu*
2. *horribile visu*
3. *incredibile dictu*
4. *Hoc mihi facile factu esse videtur.*
5. *Tua verba iucunda auditu sunt.*
6. *Faciam, quod optimum factu videbitur.*
7. *Pleraque faciliora sunt dictu quam factu.*
8. *Quod vidi, horribile est dictu.*

ZUSAMMENFASSUNG: Wie kann im Lateinischen der finale Sinn ausgedrückt werden?	
„um zu"	1. finales *ut* (siehe S. 140) 2. *ad/causa* + Gerundium/attrib. Gerundiv (siehe S. 126 + 128) 3. Futur Partizip (siehe S. 120) 4. Supinum auf *-um* (siehe S. 132) 5. finaler Relativsatz (siehe S. 150)

Exemplum: Die Freunde besuchten mich, um den Wein zu kosten. ▶

Amici me visitaverunt,

1. *ut vinum gustarent.*
2. a) *vinum (vini) gustandi causa.*
   b) *ad vinum gustandum.*
3. *vinum gustaturi.*
4. *vinum gustatum.*
5. *qui vinum gustarent.*

GRAMMATIK-CHECKLISTE 4 | KASUSLEHRE, VERBUM IM SATZ

Hier kannst du nochmals überprüfen, ob du beim Stoff der Seiten 92 bis 133 schon wirklich sattelfest bist!

1. *amor matris* kann auf zwei verschiedene Arten übersetzt werden:
   a) .... (= Genetivus subiectivus),
   b) .... (= Genetivus obiectivus).

2. Bei *multi nostrum* handelt es sich um einen .... genitiv.

3. Der Genitiv/Dativ/Ablativ kann auch mit „für" übersetzt werden.

4. Die häufigsten Übersetzungen des Ablativs lauten: ....

5. Mit „wann?" fragt man nach dem Akkusativ/Ablativ.

6. *hoc die* heißt .... und ist ein Ablativ der .... (ablativus ....).

7. Der Lokativ steht auf die Frage .... ? und zwar nur bei Städtenamen, die auf ...., ... oder .... enden.

8. Auf die Frage „wohin?" steht *in* mit dem Akkusativ/Ablativ.

9. Die Übersetzung von *in Italiam* lautet ....

10. Transitive Verben sind solche, die sich mit dem .... Fall verbinden.

11. Das Passiv ist die .... form.

12. *delectatur* kann auf zwei Arten übersetzt werden: a) .... (= Passiv), b) .... (= Medium).

13. Eine länger andauernde Handlung in der Vergangenheit wird durch das Perfekt/Imperfekt ausgedrückt.

14. Das Perfekt kann graphisch durch einen Punkt/eine Linie dargestellt werden.

15. Die Vorzeitigkeit zum Perfekt wird durch das .... ausgedrückt.

16. Unter dem Subjektsakkusativ versteht man jenen Akkusativ im lateinischen ...., der im Deutschen zum .... wird.

17. *se* wird im ACI mit .... oder .... übersetzt.

18. Die Nachzeitigkeit wird im ACI durch den Infinitiv Präsens/Futur/Perfekt zum Ausdruck gebracht. Dieser ist an der Endung .... zu erkennen.

19. *dicitur* + Infinitiv bedeutet ....

20. Beiordnend wird ein Partizip mit dem Bindewort .... aufgelöst.

21. Ein Partizip Präsens ist immer ....zeitig und aktiv/passiv.

22. Ein Abl. abs. mit PPP wird meistens mit .... übersetzt.

23. „der/die/das" darf nur beim Participium coniunctum/beim Ablativus absolutus als Übersetzung verwendet werden.

24. *ad legendum* bedeutet .... und ist ein Gerundium/Gerundiv.

25. *amicorum visitandi causa* heißt .... und ist ein Gerundium/Gerundiv.

26. Das prädikative Gerundiv drückt immer ein .... aus. Man erkennt es daran, dass es mit einer Form von .... verbunden ist.

27. *horribile visu* ist ein .... und bedeutet ....

SÄTZE UND SATZARTEN

29. KAPITEL VERBINDUNG VON SÄTZEN

Sätze und Satzteile sind durch **Konjunktionen** (Bindewörter) miteinander verbunden. Man unterscheidet:

- **beiordnende** Konjunktionen: verbinden **„gleichrangige"** Sätze miteinander (zB zwei Hauptsätze, aber auch zwei Gliedsätze);
- **unterordnende** Konjunktionen (verbinden „**höherrangige**" mit **untergeordneten** Sätzen, zB Haupt- mit Gliedsätzen).

A BEIORDNENDE KONJUNKTIONEN

aneinanderreihend (kopulativ)	
et, atque (= ac), -que	und
et – et	sowohl – als auch
neque (= nec)	und nicht
neque – neque	weder – noch
etiam, quoque	auch
non solum – sed (verum) etiam	nicht nur – sondern auch
modo – modo	bald – bald
trennend (disjunktiv)	
aut, vel	oder
aut – aut, vel – vel	entweder – oder
sive – sive, seu – seu	sei es (dass) – sei es (dass)
entgegenstellend (adversativ)	
sed, autem, at, vero, verum	aber
tamen	dennoch
begründend (kausal)	
nam, namque, enim, etenim	denn, nämlich
folgernd (konsekutiv)	
itaque, igitur, ergo	daher, deshalb

NOTA BENE

Bei **Aufzählungen** sind im Lateinischen entweder alle Satzglieder unverbunden (sogenanntes **Asýndeton**) oder alle durch *et* (*-que, atque*) verbunden:

Matrem, patrem, fratrem invitavi. = *Matrem* **et** *patrem* **et** *fratrem invitavi.*

Beide dieser Varianten sind im Deutschen unüblich, stattdessen werden nur die beiden letzten Glieder der Aufzählung mit „und" verbunden:

Veni, vidi, vici. = Ich kam, sah **und** siegte.

B UNTERORDNENDE KONJUNKTIONEN

Die folgende Auswahl an unterordnenden Bindewörtern ist alphabetisch geordnet. Zu manchen von ihnen findest du auf den folgenden Seiten noch genauere Angaben (vgl. die Seitenangaben in Klammer):

cum + Indikativ (▶ Seite 144)	wenn, sooft, als
cum + Konjunktiv (▶ Seite 144)	1. als, nachdem, während
	2. weil
	3. obwohl
donec	(solange) bis
dum	1. während (+ Indik. Präsens)
	2. solange
etsi	wenn auch, obwohl
ne + Konjunktiv	1. dass nicht
	2. damit nicht (um ... nicht zu)
	3. (nach Verben des Fürchtens:) dass
nisi (▶ Seite 154)	wenn nicht
postquam + Indikativ Perfekt	nachdem
priusquam = ***antequam***	bevor
quamquam	obwohl
quamvis + Konjunktiv	obwohl, wie sehr auch
quia	weil
quin + Konjunktiv	dass (nicht)
quod (▶ Seite 153)	1. weil
	2. dass
	3. was
quoniam	weil
si (▶ Seite 154)	wenn, falls
simul, simulac, simulatque	sobald
ubi (primum) + Indikativ Perfekt	sobald
ut + Indikativ (▶ Seite 142)	wie; als
ut + Konjunktiv (▶ Seite 142)	1. dass
	2. damit (um ... zu)
	3. (so)dass

30. KAPITEL HAUPTSÄTZE

A KONJUNKTIV IM HAUPTSATZ

Der lateinische Konjunktiv im Hauptsatz drückt entweder ein **Begehren**, eine **Möglichkeit** oder eine **Unmöglichkeit** aus. Er **muss übersetzt** werden. Wie, zeigt dir die folgende Übersicht.

Was drückt der K. aus?	Wie übersetze ich ihn?	Beispiel
	Konjunktiv PRÄSENS	
Gebot/Befehl (con. iussivus)	**„soll“**/Konjunktiv 1	*Taceat!* = Er **soll** schweigen!/Er **schweige**!
Wunsch (erfüllbar) (con. optativus)	**„möge“** (oft + *utinam* = „doch“)	*(Utinam) taceat!* = Er **möge** (doch) schweigen!
Aufforderung (con. hortativus)	**„wir wollen“/„lasst uns“** (bei der 1. P. Pl.)	*Taceamus!* = Wir **wollen (lasst uns)** schweigen!
Zweifelnde Frage (con. dubitativus)	**„soll“** (bei der 1. P.)	*Quid faciam?* = Was **soll** ich tun?
Möglichkeit (con. potentialis)	**„könnte“** (wie Konj. Perfekt!)	*Pluat.* = Es **könnte** regnen.
	Konjunktiv IMPERFEKT	
Unmöglichkeit in der Gegenwart (con. irrealis der Gegenwart)	Konjunktiv 2 oder Umschreibung mit **„würde“**	*Tacerem (si ...)* = Ich **würde** schweigen (wenn ...)
unerfüllbarer **Wunsch** der Gegenwart		*Utinam taceres!* = **Würdest** du (doch) schweigen!
	Konjunktiv PERFEKT	
Möglichkeit (con. potentialis)	**„könnte“** (wie Konj. Präsens!)	*Pluerit (= pluat).* = Es **könnte** regnen.
+ ***ne***: **Verbot** (nur 2. P.) (con. prohibitivus)	verneinter Befehl	*Ne cantaveris!* = **Sing nicht!**
	Konjunktiv PLUSQUAMPERFEKT	
Unmöglichkeit in der Vergangenheit (con. irrealis der Vght.)	**„wäre“/„hätte“** + Mittelwort der Vght.	*Tacuissem (si ...)* = Ich **hätte** geschwiegen (wenn ...)
unerfüllter **Wunsch** der Vergangenheit (con. optativus + *utinam*)		*Utinam tacuissem!* = **Hätte** ich (doch) geschwiegen!

- Konjunktive, die eine **Möglichkeit** oder **Unmöglichkeit** ausdrücken, werden mit ***non*** verneint: zB ***Non** pluat.* = Es **könnte nicht** regnen.
- Konjunktive, die ein **Begehren** ausdrücken, werden mit ***ne*** verneint: zB ***Ne** pluat.* = Es **möge (soll) nicht** regnen.

Die genaue Benennung des Konjunktivs ist für das Übersetzen nicht entscheidend. Wichtig ist jedoch, dass du dir die Modalverben gut merkst, mit denen die einzelnen Konjunktive zu übersetzen sind:

Konjunktiv Präsens: ► **„könnte", „möge", „soll"; „lasst uns"**
Konjunktiv Imperfekt: ► **„würde"** oder Konjunktiv 2
Konjunktiv Perfekt: ► **Verbot** (+ *ne*) oder **„könnte"**
Konjunktiv Plusquamperfekt: ► **„wäre"/„hätte"** + Mittelwort der Vght.

155 Übersetze die folgenden Formen als Konjunktive im Hauptsatz:

1. *faciant*
2. *haberent*
3. *fuissent*
4. *speremus*
5. *dixissem*
6. *tacuissetis*
7. *vicissetis*
8. *ne dormiveris*
9. *victi essent*
10. *scriptum esset*
11. *imperarem*
12. *sint*
13. *audias*
14. *gaudeamus*
15. *diceretur*
16. *dixerit*
17. *timuissemus*
18. *scribatur*
19. *quid dicam?*
20. *non sit*
21. *ne sit*
22. *utinam veniat!*
23. *utinam veniret!*
24. *erraverit*

156 Um welche Konjunktive handelt es sich? Verbinde die lateinischen Sätze durch Pfeile mit den richtigen Bezeichnungen und übersetze:

Ne hoc dixeris!	zweifelnde Frage
Utinam feriae adessent!	unerfüllter Wunsch
Quo eamus?	Gebot
Utinam ne te cognovissem!	unerfüllbarer Wunsch
Si adesses, gauderem.	Möglichkeit
Caelum pulchrum fuerit.	Verbot
Amica mea pulchra sit.	Irrealis der Gegenwart

157 Übersetze die Redensarten und bestimme den Konjunktiv, der sich jeweils im Hauptsatz versteckt!

1. *Audiatur et altera pars.*
2. *Gaudeamus igitur, iuvenes dum sumus.*
3. *Requiescat in pace.*
4. *Si tacuisses, philosophus mansisses.*
5. *Fiat lux!*
6. *Bella gerant alii, tu, felix Austria, nube!*

31. KAPITEL GLIEDSÄTZE

Der Konjunktiv drückt in den meisten lateinischen Gliedsätzen (Ausnahme: *si*-Sätze, s. u.) ein **Zeitverhältnis** zum Hauptsatz aus (zum Zeitverhältnis bei Infinitiven und Partizipia siehe Seite 108 ff.). Welcher Konjunktiv welches Zeitverhältnis ausdrückt, ist durch die sog. Consecutio temporum (= Zeitenfolge) geregelt.

A CONSECUTIO TEMPORUM (ZEITENFOLGE)

Zeitverhältnis zw. Haupt- u. Gliedsatz ► / Zeit im Hauptsatz ▼	gleichzeitig	vorzeitig	nachzeitig*
Hauptzeit (Präsens, Futur)	**Konj. Präsens**	**Konj. Perfekt**	***-urus 3 sim, sis ... sint***
Nebenzeit (Impf., Perf., Plqpf.)	**Konj. Imperfekt**	**Konj. Plqpf.**	***-urus 3 essem, esses ... essent***

* Die Nachzeitigkeit wird nur in indirekten Fragesätzen und *quin*-Sätzen ausgedrückt. Die Formen *-urus sim/ essem (sis/esses* etc.) sind Konjunktive des umschreibenden Futurs.

Die Consecutio temporum gilt insbesondere für folgende Gliedsätze:

- ***ut***- und ***ne***-Sätze (► Seite 142)
- ***cum***-Sätze (► Seite 144)
- **indirekte Frage**sätze (► Seite 146)

Die Consecutio temporum gilt hingegen **nicht** für Konditionalsätze (***si***, ***nisi***); diese richten sich nach den Regeln für den Konjunktiv im Hauptsatz (► Seite 138).

Übersetzung der Konjunktive im Gliedsatz:

- *ut*- (Ausnahme: konsekutives *ut*), *ne*- und indirekte Fragesätze: der Konjunktiv **kann**, muss aber nicht übersetzt werden.
- *cum*- und Konsekutivsätze: der Konjunktiv **darf nicht** übersetzt werden.
- Konditionalsätze (*si*, *nisi*): der Konjunktiv **muss** übersetzt werden.

Darüber hinaus musst du den Konjunktiv immer dann wiedergeben, wenn es sich um die **subjektive Meinung** des Sprechers (*Coniunctivus obliquus* ► Seite 151) bzw. um eine **indirekte Rede** (*Oratio obliqua* ► Seite 156) handelt.

B BEISPIELE FÜR DAS ZEITVERHÄLTNIS IN GLIEDSÄTZEN

1 Hauptsatz PRÄSENS

*Scire **volo**, quid canis*		Ich **will** wissen, was mein Hund
fecerit. (K. Perfekt)	vorzeitig	gemacht hat. (Ind. Perfekt)
faciat. (K. Präsens)	gleichzeitig	macht. (Ind. Präsens)
facturus sit. („K. Futur")	nachzeitig	machen wird. (Futur)

2 Hauptsatz PERFEKT

*Scire **volui**, quid canis*		Ich **wollte** wissen, was mein Hund
fecisset. (K. Plqpf.)	vorzeitig	gemacht hatte (Ind. Plqpf.)/habe.
faceret. (K. Imperf.)	gleichzeitig	machte (Ind. Imperfekt)/mache.
facturus esset. („K. Futur")	nachzeitig	machen wird (Futur)/werde.

158 **Richtig oder falsch?**
Prüfe die folgenden Aussagen auf ihre Richtigkeit und stelle sie gegebenenfalls richtig:

1. Konj. Imperfekt steht im lateinischen Gliedsatz, wenn der Hauptsatz im Präsens steht und der Gliedsatz vorzeitig ist.
2. Konj. Perfekt und Plusquamperfekt drücken die Vorzeitigkeit aus.
3. Ob im Hauptsatz Imperfekt oder Perfekt steht, spielt für die Consecutio temporum keine Rolle.
4. In *ut*-Sätzen muss der Konjunktiv übersetzt werden.
5. *-urus sim* drückt die Vorzeitigkeit zu Hauptsätzen, die im Präsens stehen, aus.
6. Das Prädikat eines indirekten Fragesatzes steht immer im Konjunktiv.

C *UT*-SÄTZE

Bei ***ut*** musst du immer darauf achten, ob es einen Satz mit Indikativ oder Konjunktiv einleitet!

1 *ut* + INDIKATIV = „wie", „als"

Ut iam dixi, ... = Wie ich schon gesagt habe, ...
Ut te vidi, erubui. = Als ich dich sah, wurde ich rot.

2 *ut* + KONJUNKTIV

ut-Sätze richten sich nach der Consecutio temporum (siehe Seite 140) und sind meist gleichzeitig (d. h., es kommt in der Regel nur Konjunktiv Präsens oder Konjunktiv Imperfekt in ihnen vor).

- **Begehrendes *ut* = „dass" (Verneinung: *ne* = „dass nicht")**

  Nach Verben, die ein Begehren ausdrücken: zB *optare* (wünschen), *rogare* (bitten), *petere* (bitten), *imperare* (befehlen), *postulare* (fordern) etc.

  Opto, ut me mox visites. = Ich wünsche, dass du mich bald besuchst.
  Optas, ne te visitem. = Du wünschst, dass ich dich nicht besuche.

Nach Verben des **Fürchtens** und des **Hinderns** heißt ***ne* „dass"**:

Timeo, ne *sero veniam.* = Ich fürchte, dass ich zu spät komme.
Impedior, ne *te visitem.* = Ich werde verhindert, dass ich dich besuche.

- **Finales (bezweckendes) *ut* = „damit"/„um zu" (Verneinung: *ne* = „damit nicht"/ „um nicht zu")**

  Domi maneo, ut dormiam. = Ich bleibe zu Hause, damit ich schlafe (um zu schlafen).
  Te visito, ne sola sis. = Ich besuche dich, damit du nicht alleine bist.

- **Konsekutives (folgerndes) *ut* = „(so)dass" (Verneinung: *ut non* = „(so)dass nicht")**
  Im Hauptsatz steht oft ein „so"-Begriff: *tam, ita* (so), *adeo* (so sehr) etc.

  Puella tam pulchra fuit, ut mihi verba deessent.
  = Das Mädchen war so hübsch, dass mir die Worte fehlten.

  Puella tam pulchra fuit, ut loqui non possem.
  = Das Mädchen war so hübsch, dass ich nicht sprechen konnte.

159 Übersetze und bestimme, um welches *ut* es sich jeweils handelt:

1. *Romam iter fecimus, ut omnia monumenta Romana videremus.*
2. *Cornelia a patre petit, ut sibi domi manere liceat.*
3. *Semper timeo, ne sero veniam.*
4. *Magister mihi imperavit, ut tacerem.*
5. *Damon Dionysium occidere in animo habebat, ut patriam ab isto tyranno liberaret.*
6. *Troiani urbem tam fortiter defenderunt, ut Graeci Troiam decem annos occupare non possent.*
7. *Vercingetorix Gallos hortatus est, ut communis libertatis causa arma caperent.*
8. *Oppidum in colle tam alto situm erat, ut facile defendi posset.*
9. *Verres Syracusis ita vivebat, ut eum nemo extra lectum videret.*

Bei **Subjektsgleichheit** zwischen Haupt- und Gliedsatz können *ut*-Sätze auch mit einem **Infinitiv** (**„zu“** bzw. **„um zu“**) übersetzt werden:

Te visito, ut tecum discam.
= Ich besuche dich, (damit ich mit dir lerne =) **um** mit dir **zu** lernen.

160 Bei welchen Sätzen von Übung 159 ist die Übersetzung des *ut*-Satzes mit einem Infinitiv möglich?

NOTA BENE

Das **Reflexivpronomen** bezieht sich in finalen und begehrenden *ut*-Sätzen meist auf das **übergeordnete Subjekt** (indirektes Reflexiv, vgl. Seite 114):

Marcus optat, ut magister ***se*** *laudet.*
= Markus wünscht, dass der Lehrer **ihn** lobt.

ZUSAMMENFASSUNG *NE*

- Im **Hauptsatz** (Verneinung eines Konjunktivs): = **„nicht“**
- Im **Gliedsatz** (Bindewort):
  a) = **„dass nicht“** (begehrend)
  b) = **„damit nicht“** (final)
  c) nach Verben des Fürchtens = **„dass“**
  d) nach Verben des Hinderns = **„dass“**
- ***ne ... quidem*** = **„nicht einmal“**

D *CUM*-SÄTZE

Auch bei ***cum*** musst du, um die richtige Übersetzung zu finden, darauf achten, ob der Konjunktiv oder Indikativ steht!

1 *cum* + INDIKATIV

Viel seltener als mit Konjunktiv! Die möglichen Übersetzungsarten sind:

- **iterativ** (wiederholend): **„wenn“, „sooft“**
- **temporal** (zeitlich): **„als“**
- **invers** (umkehrend, oft + *subito*): **„als (plötzlich)“**
- **modal** (erklärend): **„indem“, „dadurch, dass“**

2 *cum* + KONJUNKTIV

Konjunktivische *cum*-Sätze richten sich nach der Consecutio temporum (siehe Seite 140) und können gleich- oder vorzeitig sein. Der Konjunktiv in *cum*-Sätzen darf nicht übersetzt werden!

- **Narratives (erzählendes) *cum* = „als“, „nachdem“, „während“**

  „nachdem“ darf nur bei Konj. Plqpf. (▶ Vorzeitigkeit), „während“ nur bei Konj. Imperfekt (▶ Gleichzeitigkeit) gewählt werden.

  Cum in Italia essem, solis pittis (pitta, -ae = „Pizza“) vesci solebam. =
  Als (während) ich in Italien war, pflegte ich mich nur von Pizzas zu ernähren.

  Cum domum revenissem, iterum cottidie tres Hammaburgenses edebam. =
  Als (nachdem) ich nach Hause zurückgekehrt war, aß ich wieder täglich drei Hamburger.

- **Kausales (begründendes) *cum* = „da“, „weil“**

  Marcus et Iulia domi manent, cum parentes absint. =
  Markus und Julia bleiben zu Hause, weil die Eltern weg sind.

- **Konzessives (einräumendes) *cum* = „obwohl“**

  Im Hauptsatz steht oft das Signalwort ***tamen*** („dennoch“):

  Cum plueret, (tamen) ambulabamus. =
  Obwohl es regnete, gingen wir (dennoch) spazieren.

- **Adversatives (entgegensetzendes) *cum* = „während (hingegen)“**

  Cum Marcus crassus sit, Iulius macer („mager“) *est.* =
  Während Markus dick ist, ist Julius mager.

161 Welches Übersetzung für *cum* ist die beste?

1. *Multi discipuli, cum aegri* (*aeger, -gra, -grum* = „krank") *sunt, domi manent.*
2. *At ego, cum aeger essem, non domi, sed in schola eram.*
3. *Iulius, cum aeger non esset, (tamen) domi mansit.*
4. *Iulia, cum quinque dies domi mansisset, sexto die iterum in schola erat.*
5. *Magister me vituperavit, cum dixit: „Idiota es, Marce!"*
6. *Cum pensum non fecissem, a magistro vituperatus sum.*
7. *Cum Romae ero, tibi scribam.*
8. *Cum ceteri dubitarent, ego statim de ponte desilui.*
9. *Dormiebamus, cum (subito) canis latravit.* (*latrare* = „bellen")
10. *Cum canis unam horam latravisset, tandem tacuit.*

Im Lateinischen steht das **gemeinsame Subjekt** von Haupt- und Gliedsatz meist **an der Satzspitze**; in der deutschen Übersetzung musst du in solchen Fällen das Bindewort vorziehen:

Aeneas, ***cum*** *Troia fugisset, nave Italiam petivit.*

Als Äneas aus Troja geflohen war, segelte er nach Italien.

162 Übersetze nach diesem Muster:

1. *Alexander, cum XX annos natus erat, regnum Macedonum occupavit.*
2. *Galli, cum iam multa de Alexandro Magno audivissent, legatos ad eum miserunt.*
3. *Theseus, cum Minotaurum occidisset, cum Ariadna, quae eum adiuverat, domum redire in animo habuit.*

163 Mit welchem der folgenden Binderwörter darf man *cum* nie übersetzen?

obwohl – damit – während – indem – sooft

! Falls es dir noch nicht aufgefallen ist: Die Übersetzungsmöglichkeiten für ***cum*** (sowohl mit Konjunktiv und Indikativ!) entsprechen den Auflösungsmöglichkeiten des **Abl. abs.** (vgl. Seite 122)!

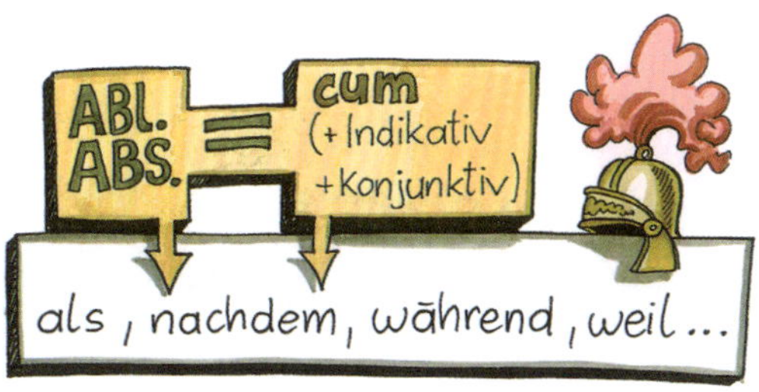

E FRAGESÄTZE

1 Direkte Fragesätze

Sie werden eingeleitet durch:

- **Fragepronomina:** *quis, quid?* („wer?"), *qui, quae, quod?* („welcher?") u.a.
- **Frageadverbia:** *cur?* („warum?"), *ubi?* („wo?"), *quo?* („wohin?") u.a.
- **Fragepartikeln:**

-ne	= (bleibt unübersetzt)
num	= „etwa?"
nonne	= „nicht?"
utrum – an (non) (Doppelfrage)	= (unübersetzt) – „oder (nicht)?"

2 Indirekte Fragesätze

Sie werden wie direkte Fragesätze eingeleitet, hängen aber von einem übergeordneten Verbum des Fragens, des Wissens u. a. ab:

- **direkt**: „Wo warst du?"
- **indirekt**: Ich frage dich, wo du warst.

Indirekte Fragesätze verlangen im Lateinischen den **Konjunktiv** nach der Consecutio temporum (siehe Seite 140) und können gleich-, vor- oder nachzeitig sein.
Der Konjunktiv muss nicht, kann aber (zB durch „soll") übersetzt werden:

Hauptsatz Zeitstufe PRÄSENS		
Hauptsatz	**Indirekter Fragesatz**	**Zeitverhältnis**
Nescio, Ich weiß nicht,	*quid heri **fecerim.*** (Konj. Perfekt) was ich gestern getan habe.	(► **vor**zeitig)
	*quid hodie **faciam.*** (Konj. Präs.) was ich heute mache (machen soll).	(► **gleich**zeitig)
	*quid cras **facturus sim.*** was ich morgen tun werde.	(► **nach**zeitig)
Hauptsatz Zeitstufe VERGANGENHEIT		
Hauptsatz	**Indirekter Fragesatz**	**Zeitverhältnis**
Nescivi, Ich wusste nicht,	*quid **fecissem.*** (Konj. Plqpf.) was ich getan hatte.	(► **vor**zeitig)
	*quid **facerem.*** (Konj. Imperf.) was ich machte (machen sollte).	(► **gleich**zeitig)
	*quid **facturus essem.*** was ich tun werde (würde).	(► **nach**zeitig)

164 Übersetze:

1. *Num nihil de equo Troiano audivisti?*
2. *Nonne haec puella tibi placet?*
3. *Visitavistisne amphitheatrum Flavium?*
4. *Herine domi fuisti?*
5. *Utrum heri domi fuisti an non?*

Im indirekten Fragesatz werden alle Fragepartikeln mit „**ob**" übersetzt:
*Dic, **num** heri (= heri**ne**) domi fueris!*
= Sag, **ob** du gestern zu Hause warst!

an non („oder nicht") wird in der indirekten Doppelfrage durch ***necne*** ersetzt:
*Dic, utrum heri domi fueris **necne**!*
= Sag, ob du gestern zu Hause warst **oder nicht**!

165 Verwandle die Sätze von Übung 164 in indirekte Fragesätze, abhängig von *quaero* („ich frage")!

166 Übersetze und bestimme das Zeitverhältnis:

1. *Incredibile est, quam pulchra haec puella sit!*
2. *Rex legatos rogavit, cur ad se venirent.*
3. *Dic, quid velis!*
4. *Vergilius narrat, quo dolo Graeci Troianos superaverint.*
5. *Nescio, quis me prudentior sit.*
6. *Caesar ab exploratoribus reperire non poterat, quanta esset Britanniae magnitudo.*
7. *Romani diu dubitabant, num Hannibalem superaturi essent.*
8. *Audivistisne, qua re Romani a Gallis servati essent?*
9. *Amici mihi scripserunt, quando me visitaturi essent.*
10. *Iam multi et doctissimi viri quaesiverunt, quando et ubi Homerus vixisset. Tamen nondum scimus, quo anno et qua in civitate poeta ille natus sit.*

167 Setze das richtige Prädikat ein! Beachte dabei besonders die Zeit im Hauptsatz!

1. *Scisne, quando urbs Roma ....? (condita esset/condita sit)*
2. *Dic mihi, cur tam tristis ....! (sis/esses)*
3. *Scribite mihi, quando me ....! (visitetis/visitaturi sitis)*
4. *Nescio, quomodo Daedalus ex insula Creta .... (fugeret/fugerit)*
5. *Apud scriptores Romanos legere possumus, quomodo Hannibal cum elephantis iter per Alpes .... (fecerit/fecisset)*
6. *Paridi iudicandum erat, quae dea pulcherrima .... (sit/esset/fuerit)*

F RELATIVSÄTZE

Die häufigste Einleitung von Relativsätzen ist ***qui, quae, quod*** (siehe Seite 46).
Übersetzung: „**der, die, das**“ oder „**welcher, welche, welches**“.

Das Relativpronomen richtet sich
- in **Geschlecht** und **Zahl** nach dem (meist davor stehenden) Bezugswort;
- im **Fall** nach der Funktion, die es im Relativsatz hat (d. h., wie man nach dem Pronomen fragen kann).

Nom. **mask. Sg.** ►	**Akk. mask. Sg.**	◄ „**wen** siehst du?“
▲	▼	▲
Canis, **Der Hund,**	***quem*** **den**	*vides, fame laborat.* du siehst, ist hungrig.
▼	▼	
Bezugswort	Relativpronomen	

HS	*Videsne puerum**,	Siehst du den Buben,
Relativsatz	***qui*** *cum cane ambulat?*	**der** mit dem Hund spazieren geht?
	cuius *canis virum mordet?*	**dessen** Hund den Mann beißt?
	cui *canis os apportat?*	**dem** der Hund einen Knochen bringt?
	quem *canis trahit?*	**den** der Hund zieht?
	quocum *canis ludit?*	**mit dem** der Hund spielt?

* Da das Bezugswort *puerum* Singular und maskulin ist, muss das Relativpronomen in allen Fällen (*qui, cuius, cui, quem, quocum*) ebenfalls Singular maskulin sein.

Mitunter fehlt (vor allem bei *qui* und *quod*) das Bezugswort für das Relativpronomen:

Qui *hoc dicit, errat.* = **Wer** das sagt, irrt. (► *qui* statt *is, qui*)
Quod *dicis, falsum est.* = **Was** du sagst, ist falsch. (► *quod* statt *id, quod*)

Verallgemeinernde Relativpronomina	
quicumque, quaecumque, quodcumque	**„jeder, der“, Pl.: „alle, die“**
quisquis, quidquid	**„jeder, der“ (neutrum: „alles, was“)**

Bevor du dich ans Übersetzen machst, solltest du dir die deutsche Übersetzung des Relativpronomens einprägen (achte besonders auf den Genitiv!):

	Singular		Plural	
	maskulin	feminin	neutrum	m./f./n.
1. F.	der/welcher	die/welche	das/welches	die/welche
2. F.	**dessen**	**deren**	**dessen**	**deren**
3. F.	dem/welchem	der/welcher	dem/welchem	denen/welchen
4. F.	den/welchen	die/welche	das/welches	die/welche

(Die Übersetzung des lateinischen Ablativs hängt davon ab, um welchen Ablativ es sich handelt: „durch den", „mit dem", „von dem" etc.)

168 Übersetze:

1. *Iulius bonus amicus est, cui omnia narro.*
2. *Boni amici estis, quibus omnia narro.*
3. *Marcus, quocum post meridiem ad mare contendi, amicus meus est.*
4. *Amicus meus, cui magna navis est, hac aestate ex Italia in Graeciam navigare in animo habet.*
5. *Romani dis, quorum auxilio hostes superaverant, templa aedificabant.*
6. *Pyrrhus, cuius copiae Romanos superabant, tamen victor non fuit.*
7. *Discipuli, quibus magister de Nerone narrat, summo studio audiunt.*
8. *Minos rex, cuius copiae Athenienses superaverant, hostes victos omni anno septem liberos ad Minotaurum mittere iussit.*
9. *Quod tum accidit, ne tibi quidem narrare possum.*
10. *Quicumque hunc librum legerit, dicet: „Numquam peiorem legi!"*

169 Welches Relativpronomen ist das richtige?

1. *Liber, (qui/quod/quem) mihi dedisti, mihi non placet.*
2. *Iulia bona amica est, (cuius/cui/quam) omnia narro.*
3. *Templum Vestae, (quod/quam/qui) ante arcum Tiberii vides, antiquissimum est.*
4. *Bacchus Ariadnam, (quem/quam/quae) Theseus in quadam insula reliquerat, in matrimonium duxit.*

Ist **in einem Relativsatz ein ACI** enthalten, musst du ihn mit **„von"** oder frei übersetzen:

Romulus, quem fratrem occidisse constat, urbem Romam condidit.
= Romulus, **von dem** feststeht, dass er den Bruder tötete, gründete die Stadt Rom.
(= Romulus, **der bekanntlich** den Bruder tötete, gründete die Stadt Rom.)

G KONJUNKTIVISCHE RELATIVSÄTZE

Steht in einem Relativsatz der Konjunktiv, so bedeutet das meistens, dass in ihm die Bedeutung eines ***ut***- oder ***cum***-Satzes mitschwingt (Ausnahme: Coniunctivus obliquus, vgl. S. 151). Am häufigsten werden dir konsekutive und finale Relativsätze begegnen.

1 Konsekutive Relativsätze *(qui = ut is)*

Sie drücken eine **Folge** aus und sind häufig am Signalwort „so" (lat. *tam, ita, sic* etc.) im Hauptsatz zu erkennen (fehlt dieses, kannst du zur Probe „so beschaffen, dass" einfügen). Der Konjunktiv wird – wie auch sonst in Konsekutivsätzen – **nicht** übersetzt.

*Quis est tam stultus, **qui** pensa ipse faciat?*
= Wer ist so dumm, **dass** er die Aufgaben selbst macht?

sunt (erant), qui ...	„es gibt (gab) welche, die ..."
nemo est (erat), qui ...	„es gibt (gab) niemanden, der ..."
dignus est, qui ...	„er ist würdig, zu ..."

2 Finale Relativsätze *(qui = ut is)*

Sie drücken einen **Zweck** oder eine **Absicht** aus. Übersetzung: Der Konjunktiv wird durch **„sollen"** oder die Konjunktion **„damit"** zum Ausdruck gebracht.

*Amicam invito, **quae** meum pensum Latinum faciat.*
= Ich lade eine Freundin ein, die meine Lateinaufgabe machen **soll**.
(= damit sie ... macht)

3 Kausale Relativsätze *(qui = cum is)*

Sie enthalten eine **Begründung.** Der Konjunktiv wird **nicht** übersetzt, kann aber durch das Bindewort „**da ja**" wiedergegeben werden.

*Stultus es, **qui** pensa ipse facias.*
= Du bist dumm, **der** du (= **da** du **ja**) die Aufgaben selbst machst.

4 Konzessive Relativsätze *(qui = cum is)*

Sie enthalten eine **Einschränkung.** Der Konjunktiv wird **nicht** übersetzt, kann aber durch das Bindewort „**obwohl (doch)**" wiedergegeben werden.

*Cur pensa ipse facis, **qui** habeas amicam?*
= Warum machst du die Aufgaben selbst, **der** du (= **obwohl** du **doch**) eine Freundin hast?

170 Welcher Nebensinn ist in den folgenden Relativsätzen enthalten?

1. *Non is sum, qui meos amicos non adiuvem.*
2. *Sunt, qui se ceteris prudentiores putent.*
3. *Praeter te nemo erat, qui de hoc ponte desiliret.*
4. *Iulia mihi litteras dedit, quas legerem.*
5. *Nihil habeo, quod tibi scribam.*
6. *Hic liber dignus est, quem legamus.*
7. *Antiquis temporibus nemo erat, qui de oraculis dubitaret.*
8. *Mihi persuasum est nihil fere esse, quod nesciam.*
9. *Beati estis, quibus aestate Romam iter facere liceat!*
10. *Numquam dignus sum, qui a magistro lauder.*
11. *Tu certe digna es, quam magister laudet.*
12. *Adiuvamus vos, qui nos saepe adiuveritis.*
13. *Multi discipuli inveniuntur, qui libenter domi maneant.*
14. *Cur ego scholam petam, qui etiam domi dormire possim?*

KONJUNKTIV DER SUBJEKTIVEN DARSTELLUNG (CONIUNCTIVUS OBLIQUUS)

Im Lateinischen und im Deutschen stehen alle Gliedsätze (also auch Relativsätze), die die subjektive (persönliche) Meinung des Sprechers ausdrücken, im Konjunktiv. Dieser Konjunktiv **muss** folglich übersetzt werden:

Magistra a me librum poposcit,	*quem mihi ded**isset**.* (▶ subjektiv*)
	*quem mihi ded**erat**.* (▶ objektiv**)
Die Lehrerin forderte von mir das Buch,	das sie mir gegeben **habe/hätte**.*
	das sie mir gegeben **hatte**.**

* subjektiv: die Lehrerin behauptet nur, das Buch hergegeben zu haben.
** objektiv: die Lehrerin hat das Buch tatsächlich hergegeben.

H RELATIVER ANSCHLUSS

Wenn *qui, quae, quod* (Formen siehe Seite 46) nicht nach einem Beistrich, sondern am **Beginn eines neuen Satzes** (d. h. **nach Punkt, Strichpunkt oder Doppelpunkt**) steht, wird es nicht wie ein Relativpronomen, sondern wie ein **Demonstrativpronomen** (d. h. wie *hic* oder *is* = **„dieser, -e, -es“**) übersetzt. Man nennt das Pronomen dann „Relativen Anschluss“.

Das folgende Beispiel zeigt dir den Unterschied zwischen Relativsatz und relativem Anschluss:

- **Relativsatz:**
  *Librum lego, **qui** mihi placet* = Ich lese ein Buch, **das (welches)** mir gefällt.
- **Relativer Anschluss:**
  *Librum lego. **Qui** mihi placet* = Ich lese ein Buch. **Dieses** gefällt mir.

NOTA BENE

Nicht immer muss ein an der Satzspitze stehendes Relativpronomen allerdings tatsächlich ein relativer Anschluss sein. Es kann sich auch um ein Relativpronomen handeln, dessen Bezugswort fehlt oder erst später im Satz folgt (vgl. Seite 148):

Qui hoc dicit, errat. = Wer (Der, der) das sagt, irrt sich.

Ein relativer Anschluss kann auch am Beginn eines **Gliedsatzes** stehen; die Konjunktion, die den Gliedsatz einleitet, rückt dann hinter den relativen Anschluss (► der relative Anschluss hat also immer „Vorrang“!):

***Quod** **ubi** vidi (= Ubi hoc vidi) ...*
= Als ich **das** sah, ...

***Quae** **cum** dixisset (= Cum haec dixisset) ...*
= Als er **das** gesagt hatte, ...

!

Einige Wendungen, die sowohl fragend als auch als relativer Anschluss gebraucht werden können, solltest du dir besonders einprägen:

qua de causa ***quare*** ***quam ob rem***	a) fragend: „aus welchem Grund?“, „weshalb?“ b) relativer Anschluss: „aus diesem Grund“, „deshalb“

171

Beim relativen Anschluss werden die Formen von *qui, quae, quod* wie Demonstrativpronomina („dieser, diese, dieses") übersetzt. Verwandle daher die folgenden Formen in die entsprechende Form von *hic, haec, hoc* bzw. *is, ea, id* und übersetze sie:

Exemplum: *cui* ▶ *huic/ei* = „diesem"

1. *quam* ▶ ....
2. *quo* ▶ ....
3. *quod* ▶ ....
4. *quarum* ▶ ....
5. *quas* ▶ ....
6. *quibus* ▶ ....
7. *cuius* ▶ ....
8. *quem* ▶ ....
9. *qua* ▶ ....
10. *qui* (2 Möglichkeiten) ▶ ....
11. *quae* (3 Möglichkeiten) ▶ ....

172

Cäsar hat nicht nur Gallien an das römische Reich, sondern auch viele Sätze an die vorhergehenden (relativ) angeschlossen. Hier einige für ihn typische Phrasen. Was bedeuten sie?

1. *Quibus rebus cognitis/auditis/confectis ...*
2. *Quibus rebus adductus ...*
3. *Qua re nuntiata/cognita ...*
4. *Quod ubi Caesar comperit/animadvertit, ...*

NOTA BENE

Das Pronomen *qui, quae, quod* zählt zu den häufigsten Fehlerquellen. Das hängt mit den vielen möglichen Bedeutungen des Pronomens zusammen, wie sich am Beispiel von ***quod*** zeigen lässt:

QUOD	**„welches", „das", „was"** (▶ relativ, vgl. Seite 148 f.)
	„dieses" (▶ relativer Anschluss, vgl. Seite 152)
	„welches" (▶ fragend, vgl. Seite 46)
	„etwas" (▶ nach *si, nisi* etc., vgl. Seite 46)
	„weil", „dass" (▶ Konjunktion, vgl. Seite 135)

I KONDITIONALSÄTZE (BEDINGUNGSSÄTZE)

Konditionalsätze werden eingeleitet durch ***si*** (= „wenn“, „falls“), ***nisi*** (= „wenn nicht“, „falls nicht“), ***sin*** („wenn aber“) u.a. Sie können mit dem **Indikativ** oder dem **Konjunktiv** stehen. Letzterer richtet sich nicht nach der Consecutio temporum, sondern drückt eine **Möglichkeit** oder **Unmöglichkeit** aus (d. h., der Konjunktiv wird wie im Hauptsatz übersetzt!).

1 *si* + INDIKATIV: realer Fall (im Dt.: Indikativ)

Die Situation entspricht der **Tatsache**:

Si sol fulget, gaudeo. = Wenn die Sonne scheint, freue ich mich. (► sie scheint tatsächlich)

2 *si* + Konj. PRÄSENS/PERFEKT: potentialer Fall (im Dt.: „sollte“)

Die Situation **könnte eintreten**:

Si sol fulgeat (= fulserit), gaudeam. = Wenn die Sonne scheinen sollte (= Angenommen, die Sonne scheint), könnte (würde) ich mich freuen. (► vielleicht scheint sie)

3 *si* + Konj. IMPERFEKT: irrealer Fall der Gegenwart (im Dt.: Konj. 2 oder „würde“)

Die Situation **kann** momentan **unmöglich eintreten**:

Si sol fulgeret, gauderem. = Wenn die Sonne schiene (scheinen würde), würde ich mich freuen. (► sie scheint aber nicht)

4 *si* + Konj. PLQPF.: irrealer Fall der Vergangenheit (im Dt.: „wäre“/„hätte“ + Mittelwort der Vergangenheit)

Die Situation **konnte** in der Vergangenheit **unmöglich eintreten**:

Si sol fulsisset, gavisus essem. = Wenn die Sonne geschienen hätte, hätte ich mich gefreut. (► sie hat aber nicht geschienen)

Nach den Verben des **Versuchens** und **Erwartens** heißt ***si*** = **„ob“**:

*Diu **exspectavi**, **si** me visitares.*
= Ich wartete lange, ob du mich besuchen würdest.

173 Übersetze:

1. *Nisi Paris Helenam rapuisset, bellum Troianum ortum non esset.*
2. *Galli Capitolium occupavissent, nisi anseres (anser, -eris* = „Gans“*) custodes Romanos excitavissent.*
3. *Si Ulixes Polyphemum interfecisset, Graeci speluncam relinquere non potuissent.*
4. *Si tacuisses, philosophus mansisses.*
5. *Alexander Magnus dixit: „Nisi Alexander essem, vellem esse Diogenes.“*
6. *Si duo litigant (litigare* = „streiten“*), tertius gaudet.*
7. *Si pensa semper diligentissime faceres, optimus discipulus esses.*
8. *Si Romae ero, tibi epistulam scribam.*
9. *Temptabo, si vos hac in re adiuvare possim.*
10. *Si a vobis adiuvemur, hoc opus perficiamus.*

174 Mache den folgenden Satz potential bzw. irreal:

Si me visitas, tibi meas tesseras (tessera, -ae = „Briefmarke“*) monstro.*

- potential: *Si me* ...., *tibi tesseras* ....
- irreal Ggw.: *Si me* ...., *tibi tesseras* ....
- irreal Vght.: *Si me* ...., *tibi tesseras* ....

175 Bist du in Sachen *si* schon sattelfest? Streiche jeweils die falsche Antwort!

1. Konjunktiv Präsens in einem Konditionalsatz wird mit „könnte“/„würde“ übersetzt.
2. Eine Unmöglichkeit in der Vergangenheit wird durch Konj. Imperfekt/ Konj. Plqpf. zum Ausdruck gebracht.
3. Konditionalsätze richten sich nach der Consecutio temporum/nach den Regeln für den Konjunktiv im Hauptsatz.
4. Die Übersetzung für *Si hoc diceres, errares* lautet: „Wenn du das sagen solltest, irrst du.“/„Wenn du das sagen würdest, würdest du irren.“

32. KAPITEL ORATIO OBLIGA – INDIREKTE REDE

Wenn eine Rede nicht wörtlich (also unter Anführungszeichen) wiedergegeben wird, sondern von einem (gedachten oder tatsächlich geschriebenen) Verbum des Sagens (oder Meinens) abhängt, spricht man von einer indirekten Rede (lat. Oratio obliqua):

Direkte Rede	Markus sagt: „Mein Lieblingsbuch **ist** ‚Durchstarten in Latein'! Das **ist** sogar spannender als Becketts ‚Warten auf Godot'."
Indirekte Rede	Markus sagt, sein Lieblingsbuch **sei** „Durchstarten in Latein". Das **sei** sogar spannender als Becketts „Warten auf Godot".

Im **Deutschen** steht in der indirekten Rede durchgehend der **Konjunktiv**.
Im **Lateinischen** gelten folgende Regeln:

Hauptsätze	**Aussagesätze:**	► **ACI**
	Wunschsätze, Fragen:	► **Konjunktiv***
Gliedsätze	**alle:**	► **Konjunktiv***

* Alle Konjunktive richten sich nach der Consecutio temporum (► siehe Seite 140), bezogen auf die Zeit des übergeordneten Verbums, von dem die indirekte Rede abhängt.

Eine indirekte Rede erkennt man im Lateinischen daran, dass **sämtliche Prädikate eines Satzes im Infinitiv oder Konjunktiv** stehen.

Reflexivpronomina (*sui, sibi, se*) beziehen sich in der indirekten Rede meist auf den Sprechenden (**indirektes Reflexiv**, vgl. Seite 114):

(Marcus dicit) ***Se*** *optare, ut Iulia* ***secum*** *librum legat.*
= Markus sagt, **er** wünsche, dass Julia mit **ihm** das Buch lese.

Beispiel für die Wiedergabe einer indirekten Rede:

Lateinisch	Deutsch
Marcus Iuliae narravit ...	Markus erzählte Julia, ...
se *librum* ***emisse****, qui sibi maxime* ***placeret*****.*	er **habe** ein Buch **gekauft**, das ihm sehr **gefalle**.
Cur eum legere ***nollet*****?*	Warum **wolle** sie es **nicht** lesen?
Dubium *non* ***esse****, quin in eo multae res graves* ***continerentur*****.*	Es **bestehe** kein Zweifel, dass in ihm viele wichtige Dinge **enthalten seien**.

* Konj. Imperfekt steht wegen Gleichzeitigkeit zum übergeordneten Perfekt *narravit* (vgl. die Consecutio temporum Seite 140).

176 **Übersetze die folgende spannende Geschichte sowohl direkt als auch indirekt ins Deutsche! (Vergiss dabei nicht: Im Deutschen muss bei der indirekten Rede jedes Prädikat im Konjunktiv stehen!)**

direkte Rede	indirekte Rede
Marcus exclamat:	*(Marcus exclamat)*
„Iulia, cur non ***ades****?“* = ...	*Cur Iulia non* ***adsit****?* = ...
„Te maxime ***desidero****!“* = ...	***Se*** *eam maxime* ***desiderare****.* = ...
„ Quam celerrime ***veni****!“* = ...	*Quam celerrime* ***veniat****!* = ...
„Nam tecum Latinum discere ***volo****.“* = ...	*Nam* ***se*** *cum ea Latinum discere* ***velle****.* = ...
„Quid enim pulchrius ***est*** *quam hoc modo tempus agere?“* = ...	*Quid enim pulchrius* ***sit*** *quam illo modo tempus agere?* = ...

GRAMMATIK-CHECKLISTE 5 | HAUPT- UND GLIEDSÄTZE

Hier kannst du nochmals überprüfen, ob du beim Stoff der Seiten 136 bis 157 schon wirklich sattelfest bist!

1. Unter Konjunktionen versteht man ....wörter.

2. Der Konjunktiv Präsens im Hauptsatz kann mit folgenden Modalverben übersetzt werden: ....

3. *gaudeamus igitur* heißt .... und ist ein Konjunktiv Präsens/Imperfekt, der eine .... ausdrückt.

4. Bei *Ne id feceris!* handelt es sich um einen Konjunktiv ...., der ein .... ausdrückt (Übersetzung: ....).

5. Eine Unmöglichkeit in der Gegenwart wird im Lateinischen durch den Konjunktiv Präsens/Imperfekt/Plqpf. ausgedrückt (Übersetzung mit ....).

6. *Si tacuisses, philosophus mansisses* bedeutet .... Es handelt sich dabei um einen Konjunktiv Imperfekt/PlqPf., der die Unmöglichkeit in der Vergangenheit/ Gegenwart ausdrückt.

7. Die Consecutio temporum legt fest, welcher Konjunktiv/Indikativ in lateinischen Gliedsätzen steht.

8. Das Zeitverhältnis im Satz „Ich frage dich, was du erlebt hast" ist gleichzeitig/ vorzeitig/nachzeitig.

9. Die Consecutio temporum gilt für folgende Gliedsätze: a) ...., b) ...., c) ....

10. Wenn der lateinische Hauptsatz im Imperfekt oder Perfekt steht, muss im Gliedsatz bei Gleichzeitigkeit Konjunktiv .... stehen.

11. Der Konjunktiv Perfekt muss dann im Gliedsatz stehen, wenn der Hauptsatz im .... steht und der Gliedsatz ....zeitig ist.

12. *-urus sim/essem* drückt immer die Gleich-/Vor-/Nachzeitigkeit aus.

13. *ut* mit Indikativ bedeutet ....

14. Die Bedeutungen von *ut* + Konj. lauten: a) .... , b) .... , c) ....

15. Das finale (= ....) *ut* wird mit .... oder .... übersetzt.

16. *Timeo, ne...* heißt ....

17. „wenn", „sooft", „als" wird im Lateinischen durch das Wort .... mit Konjunktiv/Indikativ ausgedrückt.

18. *cum* mit Konjunktiv hat folgende Bedeutungen: ....

19. Das kausale *cum* wird mit .... übersetzt.

20. Bei „Ich weiß nicht, wo du bist" handelt es sich um einen direkten/indirekten Fragesatz.

21. *sunt, qui dicant* bedeutet ....

22. Steht *qui/quae/quod* am Beginn eines neuen Satzes, wird es mit .... übersetzt. Es handelt sich dabei um einen ....

23. Bei Konditionalsätzen (= ....sätzen) muss der lateinische Konjunktiv im Deutschen übersetzt/nicht übersetzt werden.

24. *Nisi me amares, desperarem* heißt ....

25. Unter der Oratio obliqua versteht man die ....

GRAMMATIKALISCHE FACHAUSDRÜCKE FÜR (FAST) ALLE LEBENSLAGEN

Hier findest du in alphabetischer Reihenfolge die wichtigsten lateinischen Fachausdrücke. Nicht enthalten sind in dieser Liste solche grammatikalischen Bezeichnungen, die als selbstverständlich vorausgesetzt werden können (zB die Bezeichnung der Fälle und der Zeiten) sowie die Namen jener Konstruktionen und Formen, die in diesem Buch ausführlich besprochen werden (zu diesen kannst du dich mit Hilfe des Stichwortverzeichnisses ab Seite 167 ausführlich informieren!)

LATEINISCH	DEUTSCH	ANMERKUNG
Adjektiv	Eigenschaftswort	Frage: „wie beschaffen?"
Adverb	Umstandswort	Frage: „auf welche Weise?"
Aktiv	Tätigkeitsform (► ich tue etwas)	ich küsse, er liest, wir singen, sie eilen ...
Apposition	Beisatz: Substantiv(gruppe), das (die) ein anderes Substantiv im selben Fall erklärt	zB Julia küsst Markus, ihren Freund
Assimilation	Angleichung (eines Lautes an einen anderen)	zB *possum* (entstanden aus *pot-sum*)
Attribut	Beifügung: Substantiv im Genitiv, das ein anderes Substantiv näher bestimmt	zB das Auto des Vaters
Consecutio temporum	Zeitenfolge	regelt die Zeiten in konjunktivischen Gliedsätzen
Deklination	Abwandlung eines Nomens	das Buch, des Buches ...
demonstrativ	hinweisend	dieser, jener, selbst ...
final	bezweckend	damit, um zu
Genus	a) Geschlecht des Substantivs b) Zustandsform des Verbums	ad a) mask./fem./neutrum ad b) aktiv/passiv/medial
Imperativ	Befehlsform	Komm!, Gebt! ...
Indikativ	Wirklichkeitsform	ich bin, er hat ...
Infinitiv	Nennform	zu sehen, gesehen zu haben ...
kausal	begründend	weil, da (ja)
Kompositum	zusammengesetztes Wort	*ab-ire, con-ferre, ad-esse* ...
konditional	bedingend	wenn, falls
Kongruenz	Übereinstimmung	zB eines Adjektivs/Partizips mit einem Substantiv
Konjugation	Abwandlung eines Verbs	ich bin, du bist, er ist ...
Konjunktion	Bindewort	und, aber; als, weil ...

LATEINISCH	DEUTSCH	ANMERKUNG
Konjunktiv	Möglichkeitsform	ich sei, er habe ...
konsekutiv	folgernd	sodass
konzessiv	einräumend	obwohl, wenn auch
Nomen	deklinierbares Wort	= Substantiv, Adjektiv, Pronomen, Numerale
Numerale	Zahlwort	eins, der erste, tausend ...
Objekt	Ergänzung	zB O4 = Objekt im 4. Fall (Frage: „wen?"/„was?")
Oratio obliqua	indirekte Rede	(vgl. Seite 156)
Partizip	Mittelwort	sehend (Präs.); gesehen (Perf.)
Passiv	„Leideform" (▶ mit mir geschieht etwas)	ich werde geküsst, du wirst verhaftet ...
possessiv	besitzanzeigend	mein, dein, sein ...
Prädikatsnomen	Substantiv oder Adjektiv, das mit dem Hilfsverb „sein" das Prädikat bildet	zB Sizilien ist eine Insel; Sizilien ist berühmt.
Prädikativum	satzaussageartiger Zusatz	zB Cicero leistete als Konsul viel.
Präposition	Vorwort	in, auf, bei, zu, an ...
Präteritum	Mitvergangenheit	ich ging, er lief, wir eilten ...
Pronomen	Fürwort	ich, du, jener, sich, wer ...
reflexiv	rückbezüglich (auf das Subjekt)	er lobt sich; sie waschen sich ...
relativ	bezüglich	der, die, das; welcher, -e, -es
Subjekt	Satzgegenstand	Frage: „wer?"/„was?"
Substantiv	Hauptwort	das Haus, die Frau ...
Syntax	Satzlehre	Gegensatz zur Formenlehre
temporal	zeitlich	als, nachdem, während ...
Verbum infinitum	Verbform ohne Personalendung	= Infinitiv, Partizip

DIE BEDEUTUNG LATEINISCHER VORSILBEN

Beim Lernen von zusammengesetzten Wörtern (sog. **Komposita**) kannst du dir viel Aufwand ersparen, wenn du die Bedeutung der Vorsilben weißt, mit denen die Wörter zusammengesetzt sind. Nehmen wir zB das Wort ***adire***: Angenommen du kennst das Grundwort ***ire*** (= „gehen") und weißt, dass ***ad***- als Vorsilbe „hin-" bedeutet, ergibt sich völlig logisch die Bedeutung „hingehen" – ohne dass du dieses Vokabel extra lernen musst!

Zu beachten ist, dass sich manche Vorsilben an den Anfangslaut des folgenden Wortes anpassen (zB *ex-ferre* ▶ *ef-ferre*). Man spricht in solchen Fällen von **Assimilation** (= Anpassung eines Lautes an einen anderen).

VORSILBE	BEDEUTUNG	BEISPIELE
a-, ab-, au-	„weg-"	*abire, abscedere, auferre*
ad-	„hin-"	*advenire, adire, afferre, accedere*
circum-	„herum-"	*circumvenire, circumsistere*
co-, con-, com-	„zusammen-"	*convenire, coire, componere, cogere*
de-	„weg-" „herab-"	*decedere, deesse, deponere* *desilire, decurrere*
dis-	„auseinander-" „un-"	*discedere, dimittere, dividere* *dispar, dissimilis*
e-, ex-	„hinaus-"	*exire, expellere, efferre*
in-, im-	„hinein-" „un-" (bei Adj.)	*inferre, includere, importare* *ingratus, incertus, immortalis*
ne-, neg-	Gegenteil	*nefas, nescire, neglegere, negotium*
prae-	„vor-", „voraus-" Steigerung	*praeire, praedicere, praemittere* *praeclarus, praepotens*
ob-, oc-	„entgegen-"	*obicere, occurrere, offerre*
per-	Steigerung	*permagnus, perantiquus, perfacilis*
re-, red-	„zurück-"	*revenire, redire, reddere*
se-	„weg-"	*separare, secedere*
trans-, tra-	„hinüber-"	*transire, transportare, traducere*

LATEIN – EINE „TOTE“ SPRACHE?

Wusstest du eigentlich, dass Latein nicht nur von den alten Römern als Kommunikationsmittel verwendet wurde, sondern dass das auch heute noch der Fall ist? Ein Beispiel dafür sind die sogenannten *Nuntii Latini* („Lateinischen Nachrichten“), die seit vielen Jahren im KURIER, einer der auflagenstärksten österreichischen Tageszeitungen, erscheinen.
Im Gegensatz zu Cäsar, Cicero & Co. geht es hier nicht um Kriege, Gerichtsreden oder römische Helden, sondern um Alltäglichkeiten unserer heutigen Zeit: Um die finnische Gelsenmord-WM, die Elvis Presley-Sekte oder die Kunst der Hühneraugenentfernung ...
Das Erstaunliche daran: Über all diese Themen kann man tatsächlich lateinisch schreiben – wie die folgenden Kostproben beweisen!

A POLONIA APPELLAT!

Litterae corruptae Saxonii ministerii rerum internarum in Germanica urbe Zittau animos civium excitaverunt. Omnes incolae oppidi, quod in angulo rerum publicarum Germaniae, Czechiae, Poloniae situm est, in suis receptaculis cursualibus epistulam invenerant, qua certiores facti sunt illud oppidum ab anno 2005 partem rei publicae Poloniae futurum esse. Terminis nuper iterum dimensis fore, ut Zittau oppidum mox in finibus Polonicis situm esset. Usque ad mensem Martium anni 2004 omnibus civibus diploma civis rei publicae Polonicae petendum esse. Qua in re cum usu linguae Polonicae opus esset, etiam necesse esse, ut omnes quam celerrime cursui linguae interessent. Jürgen Kloß, summus praefectus urbis Zittau, enuntiavit hanc epistulam malitiose fictam esse cunctaque, quae scripta essent, haudquaquam veritati respondere. Custodes publici nunc auctores quaerere coeperunt – e.g. in quadam officina linguae Polonicae urbis Zittau.

receptaculum cursuale n.	Briefkasten
fines dimetiri	Grenzen vermessen
diploma civis n.	Staatsbürgerschaft
officina linguarum f.	Sprachlabor

B NUDATIO INVITA

Invitus quidam custos publicus nudatus est, dum in oppido Israeliano nomine Lod munere fungitur. Qui vir auxilio arcessitus erat, cum quidam finitimi de clamore questi essent, quem nonnullae feminae solitariae convivium celebrantes ederent.
Cum disciplinae publicae custos ad locum convivii pervenisset, triginta feminae seminudae eum adierunt atque clamitantes eum vestimentis privare coeperunt. Quem impetum inopinatum feminae ea de causa fecerunt, quod sui ipsius nudatorem arcessitum exspectabant, quo factum est, ut custodis resistentiam partem egregiae artis scaenicae nudatoris interpretarentur. Tandem promptissimae turmae custodum contigit, ut feminas furiosas sedarent. At vir perterritus actione finita in clinicum prostrationibus nervosis sanandis deportatus est.

nudatio (delicata) f.	Striptease
solitarius 3	Single-
convivium, -i n.	Party
sui ipsius nudator m.	Stripper
promptissima turma f.	Sondereinsatzkommando
prostratio nervosa f.	Nervenzusammenbruch

Solltest du Gefallen an dieser Art von lateinischen Texten gefunden haben, ist das Buch „Durchstarten mit Nuntii Latini, Teil 2“ das Richtige für dich! Dort findest du eine Auswahl der lustigsten und skurrilsten Zeitungsmeldungen, die in den letzten Jahren ins Lateinische übersetzt wurden. (Siehe auch Seite 165!)

VERITAS
Gemeinsam besser lernen

Gemeinsam besser lernen mit …

Durchstarten Französisch

Coachingbuch
1. Lernjahr: ISBN 978-7058-7560-9
2. Lernjahr: ISBN 978-7058-7920-1

Übungsbuch
1. Lernjahr: ISBN 978-7058-7561-6
2. Lernjahr: ISBN 978-7058-7979-5
3.–5. Lernjahr: ISBN 978-7058-8516-5

Durchstarten Französisch Grammatik

Coachingbuch; ISBN 978-7058-7570-8

Übungsbuch; ISBN 978-7058-7413-8

Durchstarten Italienisch

Coachingbuch
1. Lernjahr: ISBN 978-7058-7186-1
2. Lernjahr: ISBN 978-7058-7187-8

Übungsbuch
1. Lernjahr: ISBN 978-7058-7188-5
2. Lernjahr: ISBN 978-7058-7189-2

Durchstarten Italienisch Grammatik

Coachingbuch; ISBN 978-7058-7190-8

Übungsbuch; ISBN 978-7058-7414-5

Durchstarten Latein

Coachingbuch
Band 1: ISBN 978-7058-7922-5
Band 2: ISBN 978-7058-8594-3

Übungsbuch
Band 1: ISBN 978-7058-7921-8
Band 2: ISBN 978-7058-8593-6

Durchstarten Latein Grammatik

Coachingbuch; ISBN 978-7058-7575-3

Übungsbuch; ISBN 978-7058-7416-9

Erhältlich direkt beim Verlag oder bei Ihrem Buchhändler
Bestellen Sie online, rufen Sie an oder schicken Sie ein Fax oder E-Mail:
Tel.: +43.(0)732.776451-2280 · Fax: +43.(0)732.776451-2239 · E-Mail: kundenberatung@veritas.at

www.veritas.at

STICHWORTVERZEICHNIS